DER WEG ZURÜCK ZU DIR SELBST

FINDE DEINE INNERE STIMME

SOFIA MÜLLER

INHALT

Vorwort v

LEBEN NACH DEN ERWARTUNGEN ANDERER 1

DER MYTHOS, ALLES ERREICHEN ZU KÖNNEN 22
Der Mythos, alles erreichen zu können 28
„Du hast es weit gebracht, Baby" 29
Im Endeffekt kommt es nur darauf an, dir selbst treu zu bleiben! 37

WIE ÄNGSTE ENTSTEHEN UND DEIN LEBEN BEHERRSCHEN 40
Vom Wesen der Angst 44
Wie Ängste entstehen und dein Leben beherrschen 50
Wie man Angst in Treibstoff für Erfolg umwandelt 55

DER WEG ZUR SELBSTVERWIRKLICHUNG 58
Hält dich deine Denkweise zurück? 65
Anstatt auf den Richtigen zu warten, werde die Richtige 67

PROGRAMMIERE DEINEN VERSTAND AUF ERFOLG 73
Wie sich Angst auf das Gehirn auswirkt 75
Ein Reset für deinen Verstand 79

TESTE DEINE GRENZEN 89
Warum Authentizität wichtig ist 94
Finde heraus, wer du wirklich bist! 96

DIE KRAFT DER SELBSTLIEBE	108
Wie du durch Selbstliebe an Lebensqualität gewinnst	115
Barrieren für die Selbstliebe	117
Wie Selbstliebe in der Praxis aussieht	118
Der Weg zu Selbstliebe und Selbstakzeptanz	122
LEBE DAS LEBEN DEINER TRÄUME	129
Warum es wichtig ist, Grenzen zu setzen	132
Wie du in allen deinen Beziehungen Grenzen setzt	134
Wie du in Liebesbeziehungen Grenzen setzt	139
Wie du am Arbeitsplatz Grenzen setzt	143
Wie du privat und in deinem Familienleben Grenzen setzt	145
Mach dich auf eine Gegenreaktion gefasst	146
WERDE EIN MUSTERBEISPIEL FÜR INNERE ZUFRIEDENHEIT	150
Über den Autor	167

VORWORT

Du kannst das große Ganze nicht selbst erschaffen, du kannst es nur aus deiner Vergangenheit erschließen. Doch du musst daran glauben, dass es sich in Zukunft irgendwie ergeben wird. Dein Glaube wird dir den Mut verleihen, deine innersten Sehnsüchte zu wecken, um deinem Herzen und deiner Intuition zu folgen. Die volle Verantwortung für dein Leben zu übernehmen und niemals zuzulassen, dass andere deine innere Stimme übertönen.

Heiße die Schönheit der Unvollkommenheit willkommen, sei verrückt, sei schräg, sei alles, was du schon immer sein wolltest. Lass dich nicht von Dogmen einschränken, sprich: lebe nicht nach der Meinung anderer Menschen.

Es spielt keine Rolle, was dir passiert, was wirklich zählt, ist, was du daraus machst. Erst wenn wir am Boden liegen, werden wir uns unserer wahren Stärke bewusst. Lass dich also nicht von deinen Emotionen beherrschen.

Die Zeit ist gekommen und du wirst herausgefordert, dein eigener Retter und dein eigener Beschützer zu sein. Jede

Kleinigkeit, jede Erfahrung und jede Bekanntschaft hat dich genau an diesen Punkt geführt. Du hast die Chance, etwas aus deinem Leben zu machen, also nutze sie weise.

Es ist nicht schlimm, wenn dein Leben endet, schlimm ist es nur, wenn es nie beginnt.

LEBEN NACH DEN ERWARTUNGEN ANDERER

Während ich diese Worte auf meinem Laptop tippe, sitze ich auf der Terrasse eines Strandcafés an der Küste Südeuropas. Um genauer zu sein, auf einer griechischen Insel in der Ägäis. Das Café gehört meinen Freunden, die für mich da waren, als ich Freunde am meisten brauchte. Über das Geländer blicke ich hinunter ins Wasser, das so klar ist, dass man jedes Detail des Meeresbodens sehen kann, und so blau, dass es schon fast unwirklich aussieht.

Ich bin zufrieden und melancholisch zugleich, während ich darüber nachdenke, wie die kaputte junge Frau, die sich vor 10 Jahren im Motelzimmer die Seele aus dem Leib weinte, im Paradies gelandet ist.

Nein, das hier ist keine Szene aus „Mamma Mia!", und ich bin auch keine Meryl Streep, die im Overall durch die Gegend läuft. Ich heiße Sofia und genieße die Ruhe an meinem Lieblingsurlaubsort. Hier habe ich einige meiner größten Ängste überwunden. Wann immer es unsere vollen Terminkalender erlauben, komme ich mit meinem Partner hierher. Hier haben wir uns kennengelernt, und hier habe ich gelernt, meinem Herzen zu vertrauen, und mich wieder verliebt.

Es wäre eine Untertreibung zu sagen, dass ich im vergangenen Jahrzehnt so einiges durchgemacht habe. Während ich versuchte zu verstehen, wie ich alles verloren hatte, was mir wichtig zu sein schien, fand ich mich selbst wieder.

Ich musste mich vielen neuen Herausforderungen stellen und zahlreiche Ängste überwinden, ganz zu schweigen von denen, die plötzlich aus dem Nichts aufzukommen schienen. Ich könnte hier eine ganze Liste von Traumata, Phobien und Rückschlägen zusammenstellen, die mich von Punkt A bis zum Paradies geführt haben. Das Wichtigste, was ich dabei herausgefunden habe, ist, dass ich stärker und widerstandsfähiger bin, als mir bewusst war.

Um zu verstehen, wie ich dorthin gelangt bin, wo ich jetzt bin, müssen wir erst einmal dorthin zurückkehren, wo ich war. Nicht in das Motelzimmer in der Nähe meiner Heimatstadt, sondern in die Zeit kurz bevor ich dort gelandet bin.

Vor etwas mehr als 12 Jahren war ich eine selbstbewusste, aufstrebende Berufseinsteigerin. Ich lebte in Freiburg und hatte eine verheißungsvolle Zukunft vor mir. Alles, was ich mir im Leben zu wünschen glaubte, schien sich nahtlos zusammenzufügen. Ich arbeitete mich schnell von einer Einstiegsposition zu einem Job hoch, den ich liebte, ich hatte meine erste eigene Wohnung, und zum ersten Mal in meinem Leben war ich verliebt, wirklich verliebt. Meine Familie stand voll und ganz hinter mir und ich glaubte, ich hätte Freunde, die mir mein ganzes Leben erhalten bleiben würden.

Innerhalb von 2 Jahren verlor ich das alles, eins nach dem anderen.

Was war passiert? Gute Frage! – Ich habe fast ein ganzes Jahrzehnt gebraucht, um sie zu beantworten.

Als ich Michael zum ersten Mal traf, war ich nicht auf der Suche nach einem Freund. Ich war eigentlich auf der Suche nach gar nichts. Er war schlichtweg nur ein Typ, den ich auf einer Party kennengelernt hatte. Meine jüngere Schwester und ihr Freund schleppten mich an jenem Abend einfach mit – sie dachten, ich wäre kurz davor, eine Langweilerin zu werden, die immer nur arbeitet und gar keinen Spaß mehr hat. Es stellte sich heraus, dass er der Cousin des Freundes meiner Schwester war, sodass ich mich etwas auflockern konnte und wir einen ersten Anhaltspunkt hatten, um uns näherzukommen.

Ich liebte meinen Job, auch wenn ich als „Miss Sensibelchen" galt. Meine Eltern, meine Lehrer und meine Arbeitskollegen hatten sich immer auf mich verlassen können, sie wussten einfach, dass ich schon das Richtige tun würde. Ich hatte ein sehr hohes Verantwortungsbewusstsein. So glaubte ich auch, dass ich die Liebe nicht würde suchen müssen, der Richtige würde mich schon von selbst finden.

Trotz alledem war ich überrascht, als die Liebe mich dann tatsächlich fand. Ich war ziemlich jung und unerfahren in puncto Beziehungen. Aber ich dachte mir, wenn ich klug und achtsam wäre, würde ich schon nicht auf die Nase fallen.

Zu Beginn unserer Beziehung tat Michael fast unmerklich kleine Dinge, um mich von meiner Mitbewohnerin und besten Freundin Deb zu distanzieren. Wir waren in der Phase, in der man jede einzelne Sekunde zusammen verbringen möchte, was den anderen Menschen in deinem Umfeld natürlich gehörig auf die Nerven geht, da sie sich ausgeschlossen fühlen.

Ich erwähnte, dass Deb es satthatte, ihn ständig in unserer Wohnung zu sehen – sie hatte gemeint, sie habe das Gefühl, einen dritten Mitbewohner zu haben, der zwar ständig präsent sei, aber keine Rechnungen bezahle. Michael meinte darauf, Deb sei eifersüchtig auf mich, „eifersüchtig auf unsere Liebe", weil sie selbst niemanden habe.

Mir wird schon fast schlecht, wenn ich jetzt daran denke, wie ich das Gefühl hatte, auf einer Wolke zu schweben, als ich ihn „unsere Liebe" sagen hörte.

Deb meinte, es ginge nicht nur darum, dass Michael sich die ganze Zeit bei uns aufhalte oder ihr Eis aufesse. Auf sie wirkte er kontrollsüchtig und so, als ob mit ihm irgendetwas nicht stimme. Ich verteidigte ihn, weil ich ihn liebte, aber auch deswegen, weil einzugestehen, dass sie recht hatte, bedeutet hätte, dass mein Urteilsvermögen versagt hatte. Kurz nach einem großen Krach zog sie aus und kurz darauf zog er auch schon ein.

Das Nächste, was mit meiner Mitbewohnerin verschwand, war meine Unabhängigkeit. Das wurde subtil und geschickt eingefädelt.

Weißt du, zu Beginn einer Beziehung möchtest du jeden Augenblick mit diesem Menschen verbringen. Normalerweise ändert sich das, wenn die Flitterwochenphase vorbei ist und du merkst, dass du andere Menschen und Dinge, die dir wichtig sind, vernachlässigt hast. Diese Umstellung findet noch schneller statt, wenn du mit dieser Person zusammenlebst und kreativ werden musst, um ein bisschen

„Zeit für dich" zu finden, und genau das führte zu unserem ersten großen Streit.

Ich brauchte ein paar Dinge aus der Apotheke, also beschloss ich, dorthin zu gehen und mir auf dem Rückweg etwas mehr Zeit zu lassen. Ich schlenderte durch den Park, weil ich Lust darauf hatte und ich mich dabei entspannen konnte. Ich hätte nie erwartet, zu Hause einen wütenden, brüllenden Mann anzutreffen, der empört darüber war, dass ich länger gebraucht hatte (etwa 20 Minuten länger als erwartet), um nach Hause zu kommen.

Seine Anschuldigungen trieben mich in die Defensive. Ich war sowohl verwirrt als auch ein bisschen genervt, als Michael meinte, ich hätte ihn nicht um Erlaubnis gefragt, irgendwo anders hinzugehen. Für jemanden wie mich, der unabhängig war und es gewohnt war, selbst Entscheidungen zu treffen, war das etwas Unerhörtes.

Es war der Anfang vom Ende meines damaligen Selbst.

Als Reaktion auf meine Empörung stellte Michael alles auf den Kopf und manipulierte nun meine weiche, fürsorgliche Seite. Er weinte, warf sich mir zu Füßen und sagte mir, er habe nur so reagiert, weil er Angst gehabt habe, mich zu verlieren. Mit jeder Minute, die ich länger weg gewesen war, war seine Panik gewachsen. Er habe gedacht, dass mir etwas passiert sei, meinte er, und das habe ihn innerlich zerstört.

Ich war fassungslos! Ich schämte mich plötzlich und hatte ein schlechtes Gewissen. Außer meinen Eltern hatte noch nie jemand so viel Angst gehabt, mich zu verlieren, dass er weinte. Dieser Streit endete so, dass ich mich entschuldigte, ihn um Verzeihung bat, dass ich ihm solche Sorgen bereitet hatte, und versprach, so etwas nie wieder zu tun.

Von da an tat ich alles in meiner Macht Stehende, wenn ich mich verspätete, wenn meine Pläne sich änderten oder wenn irgendetwas von seinen Erwartungen abzuweichen drohte. Ich ging wie auf Eierschalen, um die Wogen präventiv zu glätten, weil ich Angst vor seiner Reaktion hatte. Meine eigenen Wünsche und Gefühle gerieten dabei stetig in den Hintergrund.

Als Nächstes verlor ich die Beziehung zu meinen engsten Familienmitgliedern. Er hatte etwas gegen meinen Vater und behauptete, mein Vater würde ihn nicht mögen. Kurz darauf wurde mir „verboten", meine Eltern ohne ihn zu besuchen. Zwar nicht ausdrücklich, aber durch sein schreckliches Verhalten. Meine Schwester rief eines Nachmittags an und wollte, dass ich vorbeikomme, weil sie und meine Eltern mich schon lange nicht mehr gesehen hatten. Er wurde wütend, weil sie ihn nicht ausdrücklich eingeladen hatten, mitzukommen. Er war auch deshalb sauer, weil er sich die Woche zuvor von meinem Vater 20 Euro geliehen hatte und sie ihm nicht zurückzahlen konnte. Ich bot ihm an, die Schulden für ihn zu bezahlen.

Meine Familie wollte nicht wirklich, dass er mit mir mitkommt, aber das habe ich ihm nicht gesagt. Ich bemerkte den Blick eines sich anbahnenden Wutanfalls, also sagte ich, er könne selbstverständlich gerne mitkommen. Es lohnte sich einfach nicht, wegen etwas zu schreien und zu streiten, das mir damals so belanglos vorkam.

Wir schafften es nicht bis zum Haus meiner Eltern, weil er auf halbem Weg einen Streit anfing und mir mein Outfit „versehentlich" fast komplett vom Leib gerissen hätte, als er mich hinten am Kragen packte, während ich die Flucht ergreifen wollte.

Ich rannte unter Tränen zurück nach Hause und bedeckte meine nackten Brüste mit den zerfetzten Resten meines Oberteils. Ich rief meine Mutter an und sagte ihr, mir wäre etwas bei der Arbeit dazwischengekommen, das nicht warten konnte, und dass wir uns in ein paar Tagen sehen könnten. Ich schämte mich. Ich wusste, meine Familie hätte mitbekommen, dass etwas nicht stimmte. Deshalb hatte ich zu dieser Notlüge gegriffen.

Die Sache ist die: Wenn du jemandem erlaubst, dein Verhalten zu beeinflussen, und alles durchgehen lässt, sei es aus Angst oder weil es einfacher ist, gibst du ihm die Kontrolle über dein Leben und deine Emotionen.

Michaels Verhalten und meine wachsende Unsicherheit trieben schließlich einen Keil zwischen mich und meine Schwester, die ebenfalls zu meinen engsten Verbündeten gehört hatte.

Auch das wurde geschickt eingefädelt, was für unsichere, narzisstische Männer typisch ist, wie ich später erfuhr. Manche Lebenslektionen lernt man nur auf die harte Tour, aus Erfahrung und im Rückblick.

Die Kluft zwischen uns wurde noch größer, als meine Eltern meiner Schwester ein Auto kauften. Es war zwar nicht neu, aber es war neuer als meines. Ich hatte einst hart für mein Auto arbeiten müssen, um das Geld für die Anzahlung zusammenzubekommen, und einen Kredit aufnehmen müssen. Ich war immer sehr stolz darauf gewesen. Dadurch fühlte ich mich unabhängig und ausgesprochen erwachsen. Michael machte diesen Stolz zunichte, indem er andeutete, meine Schwester wäre die Lieblingstochter und würde von meinen Eltern alles in den Hintern geschoben bekommen, während ich für alles, was ich hatte, hart arbeiten musste.

Dieser Kommentar ließ bereits eine gewisse Geschwisterrivalität in mir aufkeimen, die er noch zusätzlich verstärkte, indem er von da an auf alles hinwies, was als Bevorzugung meiner Schwester interpretiert werden konnte. Nach der Distanzierung von meiner Schwester Ashley und Michaels Cousin David nahm das Gaslighting noch mehr zu. Er fing an, Kommentare zu machen wie: „David hat mir erzählt, deine Schwester habe das und das gesagt." *Das und das* war dann immer irgendetwas, was ihm an mir nicht gefiel.

Die Macht der Suggestion ist groß, wenn etwas immer und immer wieder wiederholt wird, und Michael hatte ein Talent dafür, selbst die harmlosesten Dinge als bösartig darzustellen. Durch konstantes Gaslighting fängst du an, Dinge zu sehen, die nicht real sind, und Dinge zu glauben, die nicht wahr sind. Mit der Zeit wurde ich immer misstrauischer und unsicherer. Meine Familie sah ich seltener als je zuvor.

Mittlerweile war ich an einem Punkt in meinem Leben angelangt, an dem es nur noch Platz für Michael und meinen Job gab. Kannst du dir denken, wer an erster Stelle stand?

Ich liebte meinen Job, und ich war gut darin. Sogar so gut, dass mir mehr Verantwortung übertragen wurde und ich auf dem besten Weg zu einer Beförderung war. Ich war das „Golden Girl", das von dem Management als Vorbild für alle anderen diente.

Daraus ergaben sich zwei Probleme. Erstens bedeutete mehr Verantwortung mehr Zeit auf der Arbeit und mehr Gedanken über die Arbeit, wenn ich zu Hause war. Das andere Problem war, dass es mit Michaels Karriere nicht so gut lief wie mit meiner, und das führte zu Missgunst.

Zu Beginn unserer Beziehung hatte Michael einen guten Job und schien auf einem guten Weg, sich hochzuarbeiten. Eines Tages kam er schlecht gelaunt nach Hause und erzählte mir, dass der neue Manager es offenbar auf ihn abgesehen hätte und ihn schikanieren würde. Er tat mir sehr leid.

Schon bald fiel mir jedoch ein gewisses Muster auf, das weit darüber hinausging, mal einen schlechten Tag zu haben. Er schien mehrere Probleme bei der Arbeit zu haben, aber daran war immer jemand anderes schuld. Genau genommen schien alles Negative, das in seinem Leben passierte, immer von jemand anderem verursacht zu werden.

Daraufhin begann ich, meine Erfolge herunterzuspielen, damit er sich mit seinen Niederlagen weniger schlecht fühlte. Als er sich über meine Arbeitszeiten beschwerte, fing ich an, Gelegenheiten auszuschlagen, wie zum Beispiel die Einladung, ein Seminar zu leiten. Eine andere Sache, die ihm schwer zu schaffen machte, war die Tatsache, dass ich mehr Geld verdiente als er. Für mich war das nie ein Problem gewesen, und ich habe es ihm nie unter die Nase gerieben, aber es brodelte unter der Oberfläche und kam in Form von passiv-aggressiven Kommentaren zum Vorschein, zum Beispiel wenn ich mir neue Klamotten kaufte oder von Reisen oder anderen Dingen sprach, die er für extravagant hielt.

Ungefähr zur gleichen Zeit, als MichaeI Schwierigkeiten auf seiner Arbeit bekam, wurden unsere Auseinandersetzungen immer häufiger. Ich lernte, ein Auge zuzudrücken, um den Frieden zu wahren, aber die Auseinandersetzungen wurden immer lauter und heftiger. Das führte zu Problemen auf meiner Arbeit, weil ich andauernd zu spät kam, mich krankmeldete und nicht konzentriert bei der Arbeit war. Dass er mich regelmäßig in der Arbeit anrief oder einfach spontan vorbeikam, um mir Affären mit verschiedenen Arbeitskollegen zu unterstellen, machte es auch nicht gerade besser.

Eines Tages wurde mir der Druck zu groß und ich verlor die Kontrolle über mich selbst. Ich brach an meinem Schreibtisch zusammen und fing an, hysterisch zu weinen. Mein Vorgesetzter schickte mich in die Personalabteilung zwecks einer „kleinen Unterredung" wegen meines Leistungseinbruchs und der häufigen Krankmeldungen. Dieses Gespräch brachte mir eine zweiwöchige Beurlaubung ein, die schließlich unbefristet blieb, weil es mir zu peinlich war, zurückzukehren.

Sechs Monate später kam dann der Tropfen, der das Fass zum Überlaufen brachte: Wir wurden aus meiner Wohnung, auf die ich so stolz war, rausgeschmissen! Die Nachbarn hatten sich mehrfach über unsere lauten Auseinandersetzungen beschwert. Ein besonders heftiger Streit, bei dem es zu einigen Sachbeschädigungen kam, endete damit, dass die Polizei vor unserer Tür stand, gefolgt vom Vermieter mit einer Räumungsklage.

Ich schämte mich zu sehr, um meine Familie um Hilfe zu bitten. Ich hatte mir diese Suppe selbst eingebrockt und nun hatte ich an mich selbst den Anspruch, sie auch wieder auszulöffeln. Der erste Schritt in diese Richtung war, die Sache mit Michael zu beenden.

Er hatte vereinbart, dass wir einige Tage bei einem seiner Freunde bleiben könnten, bis wir eine andere Wohnung gefunden hätten. Ich packte meine Klamotten und die meisten meiner persönlichen Sachen zusammen. Nachdem er sich bei seinem Freund einquartiert hatte, sagte ich ihm, ich müsse noch mal zu meiner alten Wohnung zurück, um ein paar Sachen zu holen, die ich vergessen hatte, und die Schlüssel beim Vermieter abzugeben. Glücklicherweise hatte er Hausverbot, sodass er nicht mitkommen konnte.

Das war meine Chance, ihn zu verlassen, und ich nutzte sie. Ich fuhr in die nächste Stadt und nahm mir ein Zimmer in einem schlichten Motel, das einen Parkplatz hinter dem Gebäude hatte. Das Haus meiner Eltern oder die Unterkunft bei Freunden kam für mich nicht infrage, weil das die ersten Orte gewesen wären, an denen er mich gesucht hätte, sobald er begriffen haben würde, dass ich nicht mehr zurückkomme.

Ich schloss die Tür meines Motelzimmers doppelt ab, schaltete mein Handy aus und warf mich aufs Bett, wo ich eine Stunde lang einfach nur weinte. Ich war so müde, so verängstigt und so ausgelaugt, dass ich zunächst einmal zu nichts anderem fähig war.

Als ich mich ausgeweint hatte, musste ich den Kopf frei kriegen, um ein paar Entscheidungen zu treffen. Als Erstes rief ich meine Eltern an, um ihnen zu sagen, was passiert war und wo ich mich befand. Sie wussten bereits, dass irgendetwas passiert war, denn er hatte bei ihnen zu Hause angerufen und verlangt, mit mir zu sprechen, und jetzt stand er mit dem Auto auf der Straße vor ihrem Haus.

Das beunruhigte mich, weil ich Angst davor hatte, was er meinen Eltern oder meiner Schwester antun könnte. Mein Vater versicherte mir, es sei alles in Ordnung, er könne problemlos mit Michael fertigwerden. Genau genommen habe er sogar nur darauf gewartet. Wir waren uns einig, dass es das Beste für mich war, einfach ein paar Tage dortzubleiben, wo ich war. Dann fragte mich mein Vater, ob ich Geld brauche. Ich sagte ihm, dass ich fürs Erste nichts bräuchte, dass ich ihn lieb hätte und dass ich mich bei ihm melden würde. Ich nahm sein Angebot an, die Lagerung und den Transport meiner Möbel zu organisieren, bis ich wüsste, was zu tun sei.

Ich blieb eine Woche lang in diesem Motel. Während dieser Zeit änderte ich meine Handynummer, löschte meine Social-Media-Accounts und versuchte, mein Leben zu ordnen.

Die meiste Zeit weinte ich jedoch.

Da stand ich nun also, 27 Jahre alt, ohne Arbeit, ohne Zuhause, ohne Freund, mit nur wenigen Ersparnissen, und weinte mir in einem winzigen Motelzimmer die Seele aus dem Leib. Ich fragte mich, was aus mir geworden war und wie mein Leben nun weitergehen sollte. Ich wusste, dass ich nicht ewig in einem Motel leben konnte, aber ich fühlte mich sonst nirgends sicher.

Ich fühlte mich gefangen, deprimiert und verängstigt. Und ich fühlte mich wie eine totale Versagerin, und zwar auf der ganzen Linie!

Das war eine sehr bizarre Woche. Meine Eltern und meine Schwester wollten mich besuchen kommen, nur um mich zu sehen und sich zu vergewissern, dass es mir wirklich gut ging, aber ich hatte Angst, dass Michael ihnen folgen würde. Mein Vater zeigte ihn wegen Stalkings an und ließ ihn verhaften, weil er ständig auf der Straße vor ihrem Haus im Auto saß und darauf wartete, dass ich auftauche.

Michael wurde am nächsten Tag mit einer einstweiligen Verfügung wieder freigelassen. Nun ging er auf der anderen Straßenseite an ihrem Haus vorbei und wenn sie aus dem Fenster schauten oder das Haus verließen, versteckte er sich hinter irgendetwas. Meine Eltern fanden das albern, aber ich war entsetzt. Ich hatte ein schlechtes Gewissen, weil meine Familie meinetwegen so viel Stress hatte. Die Polizei konnte nichts gegen Michael unternehmen, er beantwortete keine Fragen und hielt immer mindestens 50 Meter Abstand von ihrem Haus.

Am dritten Tag meines selbst auferlegten Exils erklärte ich mich bereit, mich mit meiner Familie in einem kleinen Café in der Nähe meines Motels zum Mittagessen zu treffen. Wir überlegten, wie es nun für mich weitergehen sollte. Ich würde bei meiner Cousine unterkommen, die in Radolfzell wohnte, einer kleinen Stadt in der Nähe meiner Heimatstadt Freiburg. So wäre ich in einer anderen Stadt und hätte genügend Zeit und Freiraum, um in Ruhe über alles nachzudenken.

Dieser Schritt führte zu einem kompletten Richtungswechsel in meinem Leben. Aber bis ich für diesen Schritt bereit war, musste ich erst noch eine Menge innerer Arbeit bewältigen.

Nachdem ich mich in meiner neuen Umgebung eingelebt hatte, musste ich mir zunächst einmal überlegen, wo ich in meinem Leben stand und wo ich stehen wollte. Ich hatte an der Universität Germanistik studiert. Abgesehen von meinem vorherigen Job gehörten zu meinem beruflichen Werdegang Jobs wie Babysitten als Teenager, Kellnern während der Ausbildung und ein Sommerpraktikum.

Da sich in unmittelbarer Nähe meiner Cousine eine größere Stadt mit vielen Kneipen und Cafés befand, beschloss ich, dort zu kellnern, um zumindest irgendeine Art von Einkommen zu haben, bis ich etwas Besseres finden würde. Das Problem war, dass ich nicht mehr derselbe Mensch war. Ich funktionierte nicht mehr richtig. Ich war traumatisiert. Jedes Mal, wenn ich auf der Straße einen

Mann sah, der Michael auch nur im Geringsten ähnelte, bekam ich eine Panikattacke.

Ich hatte nicht nur Angst davor, Michael wiederzutreffen. Ich hatte vor allen Männern Angst. Wenn mich ein Mann anlächelte oder es den Anschein hatte, dass er mit mir flirten wollte, erstarrte ich und wurde nervös. Das machte mir den direkten Kontakt in der Öffentlichkeit schwer, und so wechselte ich zu einem Job in der Küche, um möglichst wenig mit Gästen zu tun zu haben.

Es mochte wie ein Schritt zurück wirken, meine schicke Livree gegen eine Schürze einzutauschen, aber dieser Job und die Leute, denen das Restaurant gehörte, in dem ich arbeitete, veränderten letztendlich mein Leben. Es war ein kleines Familienunternehmen, und die Besitzer des Restaurants wurden zu einer zweiten Familie für mich. Innerhalb eines Jahres avancierte ich vom „Salat-Mädchen" zur Küchenassistentin und dann zur Köchin. Wie es sich herausstellte, liebte ich es, in der Küche zu arbeiten. Ich war auch ziemlich gut darin.

Die Tsetikas waren Griechen. Die Frau und die Kinder waren alle so deutsch wie der Strudel meiner Mutter, aber der Vater stammte aus einem kleinen Dorf auf der Insel Chios. Mit ihrer Hilfe lernte ich, mich ein wenig aufzulockern und wieder zu lachen. Sie scherzten mit mir, drängten mich zu nichts und zeigten Verständnis, als ich endlich so weit war, ihnen ein wenig über mein Leben zu erzählen.

Auch zeigte sich die ganze Familie mir gegenüber sehr fürsorglich. Als ich ein Jahr nach meinem Umzug in ihre Stadt Opfer eines Gewaltverbrechens wurde, waren sie mir eine große Stütze.

Ich war inzwischen aus dem Haus meiner Cousine ausgezogen und in einen kleinen Bungalow gezogen, nachdem ich genug Geld verdiente, um wieder auf eigenen Füßen zu stehen. Nicht, weil ich mich nicht mit meiner Cousine verstand oder ihre Hilfe nicht zu schätzen wusste, sondern weil ich einfach mein eigenes kleines Zuhause wollte und den Klang der Natur und der Wellen des nahe gelegenen Sees in der Nacht als beruhigend empfand. Manchmal saß ich einfach nur da draußen und beobachtete, wie die Wellen ans Ufer gespült werden. Dort wurde ich eines Nachts, als ich allein spazieren ging, überfallen und sexuell missbraucht.

Diesen Übergriff habe ich nie der Polizei gemeldet. Lange Zeit habe ich niemandem davon erzählt. Ich war verängstigt und beschämt. Ich hatte auch Angst, dass man mir nicht glauben würde oder dass jemand sagen würde, dass es meine eigene Schuld wäre, weil ich nachts allein draußen gewesen war. Ich machte mir selbst schon genug Vorwürfe, auch ohne dass andere Leute mir die Schuld zuschoben.

Mein psychischer Zustand verschlechterte sich danach zusehends. Mein Vertrauen in fast alle Menschen war zerstört. Schließlich vertraute ich mich Alma an, der Frau, der das Restaurant gehörte, in dem ich arbeitete. Es fiel mir schwer, mich auf die Arbeit zu konzentrieren, ich hatte sogar tagsüber Angst, den Müll rauszubringen, und manchmal fand sie mich eingeschlossen in der Damentoilette, aufgelöst in Tränen. Schließlich ließ sie mir keine andere Wahl, als ihr zu sagen, was mit mir los war.

Sie bestand darauf, dass ich Anzeige erstatte. Aber ohne Beweise und mit einer nur sehr ungenauen Beschreibung wäre die ganze Sache ziemlich aussichtslos gewesen, ganz zu schweigen davon, dass inzwischen sechs Monate verstrichen waren. Ich beschloss, eine Therapie zu machen. Das war eine weitere lebensverändernde Entscheidung.

Im Laufe meines Heilungsprozesses fing ich an, meine Gefühle aufzuschreiben. Zu diesem Zeitpunkt entdeckte ich meine Liebe zum Schreiben wieder, und ich war gar nicht mal so schlecht darin.

Bei meinen Therapiesitzungen befassten wir uns mit dem sexuellen Übergriff, aber wir deckten auch andere Probleme auf, die mir gar nicht bewusst gewesen waren. Schließlich wurde bei mir K-PTBS diagnostiziert, eine komplexe posttraumatische Belastungsstörung. Dieser Zustand war zum Teil eine Folge des sexuellen Übergriffs, aber er war auch mit den Folgen meiner vorherigen Beziehung verbunden und allem, was damit zusammenhing.

Ich hatte nie den Eindruck gehabt, in einer missbräuchlichen Beziehung zu sein, weil er mich nie geschlagen hatte. Aber emotionaler Missbrauch ist genauso schädlich und kann mehr Zeit zur Bewältigung in Anspruch nehmen als körperlicher Missbrauch. Ich brauchte mehrere Jahre, um mich wieder vollkommen und funktionstüchtig zu fühlen.

Mein Leben ging noch ein paar Jahre lang wunderbar weiter. Ich behielt den Job im Restaurant, während ich mich als Freelancer-Autorin für verschiedene Zeitschriften versuchte. Irgendwann verdiente ich damit mehr als in meinem vorherigen Job und praktizierte es infolgedessen künftig hauptberuflich. Auch entdeckte ich die Freiheit und die Flexibilität der Selbstständigkeit, die es mir ermöglichten, das Leben meiner Träume zu leben.

Meine Familie kam zu mir zu Besuch, und ein paar Mal fuhr ich auch zu ihnen nach Hause. Lange Zeit ließ ich mich auf keine partnerschaftliche Beziehung mehr ein, aber ich lernte ein paar Freunde in meiner neuen Stadt und in meiner Selbsthilfegruppe kennen. Darüber hinaus begann ich, ehrenamtlich in einem Frauenhaus zu arbeiten. Dort war ich einfach für andere Frauen da und half ihnen so, wie mir in meinem Leben geholfen worden war.

Fünf Jahre nach meinem Umzug bot sich mir eine unerwartete Gelegenheit, durch ganz Europa bis nach Griechenland zu reisen. Die Besitzer des Restaurants hatten das Lokal an ihre älteste Tochter übergeben, um sich im Dorf von Herrn Yiannis in den Ruhestand zurückzuziehen, und ich nutzte die Gelegenheit, sie während meines Aufenthalts dort zu besuchen.

Den ersten Teil der Strecke legte ich mit dem Zug zurück, aber von Österreich nach Athen würde ich fliegen müssen, bevor ich mit einem anderen Zug und einer Fähre nach Chios fahren könnte. Ich war zwar schon viel umhergereist, aber während der meisten meiner Urlaubsreisen hatte ich mich auf „sicherem Boden" befunden, zum Beispiel wenn ich mit meiner Familie oder mit meinen Kommilitonen nach München, Paris oder Österreich gereist war. Dort waren wir als Backpacker unterwegs gewesen und hatten in Hostels übernachtet, so wie es für Studenten typisch war.

Aber ich war noch nie auf eine Fähre gestiegen oder mit einem Flugzeug geflogen. Ich hatte noch nie den Kontinent verlassen. Der Gedanke, in einer fliegenden Blechdose über dem offenen Meer zu schweben, machte mir zugegebenermaßen schon Angst. Aber ich ließ mich trotzdem nicht davon abhalten. Sechs Monate später war alles gebucht und ich befand mich auf dem Weg nach Athen.

Ich freute mich sehr auf diese Reise, und meine Familie freute sich auch für mich, wenn auch nicht ganz ohne Neid. Die ganze Woche vor meiner Abreise wachte ich jedoch mitten in der Nacht mit Panikattacken auf. Aus diesem Grund musste ich zwei Tage vor meiner Abreise meine Therapeutin anrufen. Sie setzte sich eine Stunde lang mit mir zusammen, um einige Bewältigungsmechanismen mit mir durchzugehen und mir klarzumachen, wie gering die Wahrscheinlichkeit war, dass ich bei einem Flugzeugabsturz sterben oder auf hoher See verschollen bleiben würde.

Ich muss zugeben, dass ich immer noch jedes Mal nervös werde, wenn ich in ein Flugzeug steige, obwohl ich mittlerweile schon zigmal geflogen bin. An meinem 30. Geburtstag habe ich mir dann selbst das Versprechen abgenommen, mich der Angst zu stellen, anstatt vor ihr wegzulaufen, und jetzt ist das Leben für mich nur noch ein großes buntes Abenteuer.

Als ich dann für eine Woche dort war, habe ich mich in diese Insel verliebt. Mir gefiel die Einstellung der Griechen und ihr entspannter, lockerer Lifestyle. Auf dieser Reise lernte ich auch jemanden kennen, der sich später als die Liebe meines Lebens und als mein Traumpartner erweisen sollte – in jeder Hinsicht.

So spielt das Schicksal nun mal hin und wieder. Er war ein bosnischer Geschäftsmann, der aus beruflichen Gründen nach Berlin gezogen war, aber wir begegneten uns an einem Strand, Hunderte Kilometer von unseren jeweiligen Wohnorten in Deutschland entfernt. Das wäre nie passiert, wenn ich meine Ängste nicht überwunden und die Einladung nach Griechenland nicht angenommen hätte!

Damals war ich noch nicht bereit für Benjamin, ich hatte noch viel aufzuarbeiten, aber es funkte sofort zwischen uns. Mehr als ein Jahr lang hatten wir auf freundschaftlicher Ebene telefonisch und online Kontakt miteinander, bevor dann noch mehr daraus wurde. Er wünschte sich schon viel früher als ich mehr als nur Freundschaft, aber er wartete sehr geduldig und liebevoll, bis ich so weit war.

Als Freiberuflerin war es für mich einfacher, zwischen unseren Wohnorten hin- und herzupendeln (ich reise sowieso sehr gerne), und auch er legte unzählige Kilometer zurück, um mich zu besuchen. Aber irgendwann konnte es aufgrund der hohen Reisekosten nicht mehr so weitergehen. Es gelang mir, eine meiner größten Ängste zu überwinden, und ich zog vor einigen Jahren zu ihm nach Berlin, wo wir vor Kurzem geheiratet haben und bis heute leben.

Benjamin hat in vielerlei Hinsicht sehr viel Geduld bewiesen. Wir sind uns so ähnlich, dass ich das Gefühl habe, ihn schon seit Ewigkeiten zu kennen. In den wenigen Bereichen, in denen wir uns unterscheiden, ergänzen wir einander perfekt. Er bringt mir Bosnisch bei, eine schöne, aber schwierige slawische Sprache, und ich helfe ihm, sein Deutsch zu perfektionieren. Er ist mir etwas voraus, weil er schon seit einigen Jahren in Deutschland lebt, aber das ist in Ordnung für mich. Ich kann inzwischen auf Bosnisch etwas zu essen bestellen und ein einfaches Gespräch führen, wenn wir seine Familie in Mostar besuchen. Aber ich drifte auch immer wieder ins Deutsche ab, wenn ich aufgeregt oder wütend bin, und ich weiß nicht, ob ich jemals fließend Bosnisch sprechen werde. Glücklicherweise lächelt man in jeder Sprache gleich.

Mein Leben ist jetzt einfacher. Es ist zwar nicht perfekt, aber das Leben verläuft nie ganz ohne Probleme und Rückschläge. Aufgeben kommt nie infrage. Du musst dich deinen Ängsten stellen, für neue Möglichkeiten offen sein und dir das Leben aufbauen, das für dich perfekt ist!

Fragst du dich, während du diese Worte liest, was aus deinem „perfekten" Leben geworden ist oder wann es endlich beginnt? Hast du Angst davor, die notwendigen Veränderungen vorzunehmen oder den ersten Schritt zu wagen? Hält dich die Angst, was andere Menschen denken könnten, davon ab, aus ganzem Herzen, authentisch und leidenschaftlich zu leben?

All diese Emotionen habe ich erlebt und erlebe sie immer noch ab und zu. Ich habe Angst und Verwirrung durchlebt, Scham empfunden und Schuldgefühle gehabt. Nachdem ich alles aufgearbeitet hatte, habe ich wieder bei null angefangen und mir das Leben meiner Träume aufgebaut.

Nichts davon war einfach, aber jeder Schritt auf dem Weg dorthin hat sich gelohnt, selbst die schwierigsten Etappen. Das Leben belohnt uns, wenn wir unsere Ängste hinter uns lassen und ein Leben führen, das von Dankbarkeit und Authentizität gekennzeichnet ist.

Du brauchst weder das Land noch die Stadt, in dem bzw. in der du lebst, zu verlassen, es sei denn, du möchtest es. Dieses Buch soll dir helfen, deine persönliche Bestimmung zu finden, und es soll dir zeigen, wie du die Angst, die dich davon zurückhält, überwinden kannst.

Was ich dir auf diesen Seiten zu vermitteln hoffe: Es ist nie zu spät, deine eigene Lebensgeschichte zu schreiben. Es ist nie zu spät, dein eigenes Happy End zu schreiben. Sei dir jedoch bewusst, dass Glück kein Ziel ist. Es ist eine andauernde Reise, die manchmal voller Gefahren ist. Das Leben geht oft seltsame Wege, mit denen man nicht gerechnet hat.

Hast du Angst? Die brauchst du nicht zu haben. Du schaffst das schon!

Dieses Buch ist für Frauen auf der ganzen Welt geschrieben, die sich in ihrem Inneren „festgefahren" fühlen und nicht wissen, wie es nun weitergehen soll. Sei dir gewiss:

Vielen von uns geht es genauso, aber du darfst nicht zulassen, dich von solchen Gefühlen kontrollieren und niedermachen zu lassen.

Merke dir: Deine Umstände bestimmen nicht dein Leben! Es kommt lediglich darauf an, *wie du auf diese Umstände reagierst. – Agiere, statt zu reagieren.* Das wird einen gewaltigen Unterschied machen, der alles ändern wird. Das heißt nicht, dass du immer alles unter Kontrolle haben musst. Es heißt vielmehr, dass *du* der Kapitän deines Lebens bist und kein anderer!

Manchmal bedarf es nur einer Entscheidung, um ein komplett anderes Leben zu führen.

Wie könnte dein Leben aussehen und wie kannst du das erreichen? Finden wir es gemeinsam heraus.

DER MYTHOS, ALLES ERREICHEN ZU KÖNNEN

Als ich letztes Weihnachten bei einem Besuch im Dorf seiner Großeltern zwischen Benjamin und seiner Baka saß, spürte ich wieder jenes bekannte Unbehagen in der Magengegend. Das Gespräch steuerte auf ein unangenehmes, aber vertrautes Thema zu, das schließlich zu einer Frage führte, die immer wieder so vielen jungen Ehepaaren gestellt wird: „Wann habt ihr denn vor, eine Familie zu gründen?"

Versteh mich jetzt bitte nicht falsch. Ich liebe Benjamins Großmutter. Sie ist eine herzensgute Witwe, voller Weisheit und Humor, selbst wenn es um schwierige Themen geht. Ich weiß einfach nur nie, wie ich auf diese direkte Frage antworten soll, denn ehrlich gesagt weiß ich die Antwort selbst nicht.

Wenn mir meine eigene Familie diese Frage stellen würde, dann würde ich vielleicht etwas Witziges oder Ironisches erwidern. Wahrscheinlich wäre ich auch ein wenig irritiert ob des unterschwelligen Drucks, ein neues Leben in die Welt setzen zu sollen, obwohl wir beide uns gar nicht so sicher sind, ob wir das überhaupt möchten. Genauso ist mir die Andeutung zuwider, dass „die biologische Uhr tickt" und ich mich besser beeilen solle, ebenso wie die Unterstellung, dass es egoistisch von mir wäre, nicht für Nachwuchs zu sorgen, oder dass ich Angst davor hätte.

Nun, als jene Frage – wieder einmal (!) – gestellt wurde, lächelte ich, zuckte mit den Schultern und überließ es Benjamin, es zum x-ten Mal zu erklären. Das mag zwar etwas feige von mir erscheinen, aber ich fühle mich in dieser für mich neuen Umgebung immer noch etwas unsicher und bin deshalb lieber vorsichtig im Umgang mit der Sprache und den kulturellen Gepflogenheiten, da es hierbei manchmal unbeabsichtigt zu Beleidigungen bzw. unschönen Missverständnissen kommen könnte.

Mit solchen unangenehmen Fragen werden viele Paare konfrontiert, insbesondere der weibliche Partner. Sie alle rühren daher, dass andere gewisse Erwartungen haben, die sie erfüllt sehen wollen: Schritt A sollte natürlich zu Schritt B führen, und wenn du den nicht machst – sei es zu heiraten, kurz nachdem ihr zusammengekommen seid, oder ein Baby zu bekommen, gleich nachdem du dein Jawort gegeben hast –, dann muss etwas mit dir nicht stimmen.

Schuld daran ist fast immer die Frau, wenn das alles nicht innerhalb einer bestimmten Zeitlinie stattfindet.

Ich erinnere mich noch an eine frustrierende Szene während der Zeit, als ich im Restaurant in Radolfzell arbeitete. Ich hatte eine langjährige Freundin aus meiner Studienzeit zum Mittagessen eingeladen. Ich hatte uns unser Lieblingsessen gekocht, das uns einst durch etliche Lernstunden begleitet hatte. Wir lachten und plauderten über vergangene Zeiten und verschiedene Erlebnisse an der Uni, als sie plötzlich mitten in unserem Rückblick losheulte.

„Was ist denn los?", fragte ich besorgt. „Habe ich etwas Falsches gesagt?"

„Nein", versicherte sie mir, „es ist nur so, dass die Pläne, wie ich sie mir für mein Leben zurechtgelegt habe, alle ruiniert sind. Ich wollte eigentlich gleich nach der Uni die Karriereleiter emporklettern, den richtigen Mann finden und eine Familie gründen. Ich hatte sogar einen meiner Meinung nach vernünftigen Zeitplan dafür aufgestellt. Mit 30 wollte ich verheiratet sein. Mit 32 wollte ich mein erstes Kind bekommen. Jetzt bin ich 33, und keiner meiner Pläne hat sich realisiert. Ich liebe meinen Job, aber das kann doch nicht alles im Leben sein. Meine Eltern drängen mich mit der ‚biologischen Uhr', weil sie sich Enkelkinder wünschen. Und die meisten meiner Freunde freuen sich schon auf ihr zweites Kind. Ich versuche, mich für sie zu freuen, aber innerlich fühle ich mich wie eine totale Versagerin. Ohne den richtigen Mann wird keiner meiner Träume in Erfüllung gehen. Was, wenn ich ihn nie finde? Bedeutet das, dass ich allein und ohne Liebe sterben werde?"

Ich bot meine ganze Kraft auf, um ihr zu versichern, dass sie *keine* Versagerin sei, dass das Leben *nicht* immer so laufe, wie wir es uns vorstellten, selbst wenn wir Pläne machten und alle notwendigen Schritte unternahmen, und vermittelte ihr, dass dies auch vollkommen in Ordnung sei. Ich wusste wirklich nicht, was ich noch sagen sollte. Zum einen war ich schockiert, dass Frauen im 21. Jahrhundert immer noch dieser Art von Druck ausgesetzt sind, der schließlich zu so einer Selbstverurteilung führt. Zum anderen erschrak ich, als mir bewusst wurde, dass ich selbst kurz davor gewesen war, mit dieser Denkweise meinen Narzissten zu heiraten und damit in einer missbräuchlichen Ehe zu landen, möglicherweise sogar mit Kindern, die ich dann vor ihm hätte beschützen müssen.

Obwohl ich es in meiner eigenen Familie nicht in dieser Form erleben musste, ist diese Erwartungshaltung in der modernen Welt leider gar nicht mal so selten anzutreffen. Deutschland ist zwar ein modernes, hoch entwickeltes Land, aber auch in unseren Dörfern und Kleinstädten herrscht immer noch jenes altmodische Ideal vor, dass der ultimative Lebenssinn einer Frau darin liege, einen Ehemann zu finden, der gut verdient, ein schönes Zuhause mit ihm aufzubauen und seine Kinder großzuziehen.

Uns Deutschen liegt es einfach im Blut, gehorsam die Regeln zu befolgen und alles, was wir anpacken, pünktlich zu erledigen. Wir gelten vielerorts als „pingelig", aber wir sind nun mal der Überzeugung, dass ein geregeltes Leben in geordneten Bahnen zu „Glück und Segen" führe.

Obwohl meine Eltern mich nie unter Druck setzten, sofort zu heiraten und ihnen Enkelkinder zu bescheren, verbrachte ich meine gesamte Kindheit und den ersten Teil meines Erwachsenenlebens als „braves Mädchen" und als „verantwortungsbewusste Frau", die immer genau das tat, was man von ihr erwartete.

Die einzige Frage, die mir niemand stellte – nicht einmal ich selbst –, war: *Bist du glücklich?*

Während ich mich darum bemühte, andere nicht zu enttäuschen, fiel mir gar nicht auf, dass ich mich selbst enttäuschte. In all den Jahren, in denen ich mir Mühe gab, es anderen Leuten recht zu machen, spielten mein eigenes Glück und das, was ich von mir selbst erwartete, nie wirklich eine Rolle. Ich dachte, diese rätselhafte Sache, die sich „Glück" nennt, würde sich ganz naturgemäß daraus ergeben, dass ich alle um mich herum stolz mache und das tue, was man von mir erwartet.

In der Therapie wurde mir klar, dass dieses angeborene Bedürfnis, immer das Richtige zu tun und niemanden zu enttäuschen, wahrscheinlich größtenteils dafür verantwortlich war, dass meine missbräuchliche Beziehung so lange gedauert hatte.

Das macht mich weder von Natur aus schwach noch ist es eine Form der Täter-Opfer-Umkehr. Ich war einfach naiv und gewissermaßen darauf konditioniert, jedes „Versagen" oder jeden Rückschlag in meinem Leben als meine eigene Schuld zu betrachten. Wenn meine Beziehung nicht funktionierte, lag das natürlich daran, dass *ich* etwas falsch machte. Ich passte mein Verhalten permanent an und unterdrückte meine natürlichen Impulse, um eine negative Reaktion von Michael zu verhindern und für Frieden und Glück an der Heimatfront zu sorgen.

Aber du wurdest nicht dazu geboren, um es anderen recht zu machen. Im Endeffekt bist *du* der einzige Mensch, der wirklich mit deinen Entscheidungen leben muss. Jeder von uns hat sein eigenes Leben, und es ist unsere Pflicht, dieses auf eine Art und Weise zu leben, die uns glücklich macht und uns erfüllt. Deinen Eltern gefällt es vielleicht nicht, dass du dich entschieden hast, Dichter oder Gassigeher statt Arzt oder Ingenieur zu werden, aber sie müssen ja auch nicht jeden Tag in deinen Schuhen laufen.

Was hast du überhaupt davon, außer dass sie vor ihren Freunden damit angeben können, was für ein Wunderkind sie großgezogen haben? Sie sagen, sie wollen nur, dass du glücklich bist, aber wessen Definition von Glück meinen sie eigentlich damit?

Wir haben nur *ein* Leben, und wir wissen nie, wann dieses Leben endet. Wir sollten es so leben, wie *wir* es für richtig halten – nicht wie unsere Eltern, Großeltern oder wohlmeinenden Freunde es für richtig halten. Das ist solch eine unglaubliche Verschwendung von Zeit und Energie! Du bist einzigartig, und nicht jeder versteht unter „Glück" dasselbe. Wer hat überhaupt die Regeln des Glücklichseins festgelegt, und was gibt ihm das Recht, über mich oder dich oder irgendjemand anderen zu urteilen?

Einige von euch träumen vielleicht von einem großen Haus mit Blick aufs Meer, während andere mit einer Hütte im Wald genauso glücklich wären. Manche träumen von einem perfekten Partner und 2 oder 5 Kindern. Aber es gibt viele von uns, die mit ihrer Karriere verheiratet und damit vollkommen glücklich sind. Manche wiederum haben den perfekten Partner, aber keinen Kinderwunsch. Alle diese Entscheidungen sind vollkommen in Ordnung, solange es deine eigenen Entscheidungen sind – und nicht das Leben, das jemand anderes von dir erwartet oder dir aufzwingt.

Wenn du ständig darüber nachdenkst, was hätte sein können, sollen oder müssen, lebst du in Wirklichkeit gar nicht. Die Angst davor, andere Menschen zu verletzen oder zu enttäuschen, ist einer der Hauptgründe, warum wir nicht zufrieden sind, egal wie unsere Lebensumstände aussehen. *Nur du* kannst Entscheidungen für dich treffen und die notwendigen Änderungen vornehmen, um dir das Leben deiner Träume aufzubauen, und *nur du* wirst mit den Resultaten leben.

Also: Was auch immer du in deinem Leben tun willst, raff dich auf und tu es! Nur derjenige, der nie etwas versucht, wird etwas versäumen. Oder wie Mark Twain es so schön sagte: „In zwanzig Jahren wirst du dich mehr über die Dinge ärgern, die du nicht getan hast, als über die, die du getan hast."

Der Mythos, alles erreichen zu können

Allzu oft zeichnen uns unsere Angehörigen unser ganzes Leben vor, bevor wir selbst überhaupt die Chance haben, es nach unseren Vorstellungen zu leben. Jegliche Abweichung von ihren Wünschen und Plänen für uns führt dazu, dass wir uns als Versager fühlen. Manche gehen sogar so weit, uns zu beschuldigen und uns vorzuwerfen, ihre Gefühle nicht zu berücksichtigen. „Wie kannst du mir das nur antun!", sagen sie. Also schwenken wir um und sehen zu, dass alle anderen glücklich und zufrieden sind, weil wir glauben, dass uns das glücklich machen wird.

Als eine Art „Gegenbewegung" zu diesem Druck, unter den uns unsere Familie und unsere Gesellschaft setzen, sich einem traditionellen Lebensmodell anpassen zu müssen, wurde uns von den führenden Vertreterinnen der Frauenbewegung aus den 1970er-Jahren die Lüge eingeflößt, wir könnten alles erreichen, wenn wir nur wollten; wir könnten ein perfektes und erfülltes Leben haben, wenn wir es nur selbst in die Hand nähmen.

Versteht mich jetzt bitte nicht falsch. Ich will damit nicht die erste Welle des Feminismus verunglimpfen. Diese Bewegung hat uns in hohem Maße dazu verholfen, Lohngleichheit und ein gleichberechtigteres Mitspracherecht bei der Gestaltung unseres Lebens zu erlangen. Im Laufe der Zeit wurde den Frauen klar, dass es neben Heirat und Kinderkriegen auch noch andere Optionen für sie gab; sie begriffen, dass auch Frauen ein Recht auf Karriere hatten, und das war auch gut so.

Auf der anderen Seite wurden in diesem sozialen Wandlungsprozess, der aus den ersten Tagen der Gleichberechtigungsbewegung hervorging, einige Dinge nicht in Betracht gezogen. In gewisser Weise wurden wir als Frauen verkannt und die Männer herabgesetzt.

Lasst es mich näher erklären.

Das Problem lag nicht in der Botschaft selbst, sondern in der Art und Weise, wie diese von den Frauen interpretiert und realisiert wurde, und in der Gegenreaktion, die diese Fehlinterpretation in der Gesellschaft generell auslöste.

Beim Feminismus geht es nicht darum, irgendwelche Quoten zu erfüllen oder die Welt zu erobern. Es geht auch nicht darum, Männer herabzusetzen, sie zu ersetzen oder sie aus unserem Leben zu eliminieren. Der Feminismus verfolgt zwei Ziele: Autonomie und Chancengleichheit. Beim Feminismus geht es im Kern darum, die gleichen Möglichkeiten wie Männer zugesprochen zu bekommen und die Rechte der Frauen zu stärken.

Du musst weder alles erreichen noch solltest du zu irgendetwas gezwungen oder überredet werden. Du brauchst weder Scham- noch Schuldgefühle zu haben, deine eigenen Entscheidungen zu treffen, selbst wenn diese nicht den Vorstellungen anderer entsprechen und nicht das sind, was andere unter „Erfolg" verstehen.

„Du hast es weit gebracht, Baby"

Die Botschaft, „alles erreichen zu können", wurde irrigerweise dahin gehend interpretiert, dass frau zu jeder Zeit an jedem Ort „verfügbar" oder „abrufbar" sein sollte. Was zur Emanzipation verhelfen sollte, führte stattdessen zum Burn-out, zu Missgunst und Unzufriedenheit. Außerdem führte es über mehrere Generationen hinweg auf beiden Seiten der Geschlechterkluft zu verwirrten, erschöpften und verbitterten Menschen.

Gegen Ende der Frauenrechtsbewegung der 1970er-Jahre gab es den inoffiziellen Slogan: „Du hast es weit gebracht, Baby". Ich erinnere mich noch an eine alte Werbeanzeige aus dieser Zeit mit einer Frau, die einen perfekt maßgeschneiderten Businessanzug trug und den Kopf trotzig zurücklehnte. Ihre Frisur und ihr Make-up waren makellos. Während sie auf einem Arm ein Baby trug, hielt sie in der anderen Hand eine Bratpfanne. Diese fiktive Frau strahlte große Stärke und Selbstvertrauen aus; sie sah fast wie eine Comic-Superheldin aus. Diese Werbung implizierte, dass wir danach streben sollten, Multitasking-Wunderfrauen zu werden; alles darunter würde bedeuten, dass wir nicht gut genug wären und uns nicht genug Mühe gäben, alle anderen um uns herum glücklich zu machen.

Frauen, die sich für ein eher traditionelles Lebensmodell entschieden, wurden als nicht ehrgeizig genug angesehen. Andere, denen der Aufbau ihrer Karriere wichtiger war als die Gründung einer Familie, wurden als egoistisch und als Versagerinnen betrachtet. Diejenigen, die alles auf die Reihe kriegen und beides unter einen Hut bringen wollten, blieben höchstens bis zur vollständigen Erschöpfung erfolgreich. An einem gewissen Punkt dachten alle diese Frauen, dass ihnen irgendwie etwas fehlt.

Zusätzlich zu dem Druck, den wir uns selbst und gegenseitig machten, war unsere Gesellschaft noch gar nicht bereit für diesen „Paradigmenwechsel" und tendierte darum dazu, uns doch wieder in die vertraute „Hausfrauen-Schublade" zurückzuschieben.

Ich erinnere mich nicht, dass Männer je diesem Druck ausgesetzt waren. Sie gingen arbeiten, und entweder heirateten sie und gründeten eine Familie oder auch nicht. Aber das war dann auch nicht weiter schlimm. Die meisten

Männer heirateten allerdings schon und wurden Väter; wenn einer jedoch mal nicht diesen Weg einschlug, wurde er deswegen nicht verurteilt. Nur wenige von ihnen mussten Kindererziehung und Karriere unter einen Hut bringen. Es wurde sogar auf der Arbeit über sie getuschelt, wenn sie mal zu einem Elternabend gehen oder sich um ein krankes Kind kümmern mussten. Dafür waren doch die Ehefrauen da, unabhängig davon, ob diese eigene Ambitionen verfolgten oder durch ihre Arbeit ausgelastet waren. Wurde rebelliert oder wurde von den Männern verlangt, dass sie gerecht ihren Anteil an der Kindererziehung und bei der Hausarbeit leisteten, führte das zu Empörung, Frustration und nicht wenigen kaputten Familien.

Aber wir hatten es ja nicht anders gewollt und jetzt mussten wir damit leben. Wir setzten uns auch selbst übermäßig unter Druck. Anstatt auch die Männer mit in die Pflicht zu nehmen, um Familien- und Berufsleben unter einen Hut zu bekommen (denn nur das eine oder das andere war nicht mehr gut genug und wurde scharf verurteilt), bürdeten wir uns alles selbst auf – so lange, bis sich etwas ändern musste.

Nicht nur, dass wir gezwungen waren, irgendeinem unerreichbaren Ideal gerecht zu werden – wir mussten es auch mit einem Lächeln auf dem Gesicht tun, ohne zu meckern, und dabei auch noch wie aus dem Ei gepellt aussehen. Unter diesem permanenten (Konkurrenz-)Druck sind Versagen und Dysfunktion vorprogrammiert – und zwar auf fast allen Ebenen.

Dieses Problem betrifft übrigens nicht nur die ältere Generation von Frauen. Auch diejenigen, die noch studieren oder erst am Anfang ihrer Karriere stehen, sind diesem Druck ausgeliefert. Sie jagen dem Mythos nach, alles erreichen zu können, und verlieren sich dabei selbst. Wo bleiben da Zeit und Raum für eine authentische Einschätzung der eigenen geistigen Kapazitäten? Wo bleiben da die Möglichkeiten zu einer echten Selbstverwirklichung? Auf der anderen Seite wirft uns die Gesellschaft vor, wir wären egoistisch, weil wir alles würden erreichen wollen, weil wir nur danach streben würden, uns selbst zu verwirklichen.

Ich erinnere mich noch sehr gut an die Zeit, als dieses Thema in Liebeskomödien höchste Popularität genoss: Sie, die ehrgeizige, erfolgsorientierte Karrierefrau. Aus irgendeinem Grund ist sie gezwungen, aus der Großstadt in ihre kleine Heimatstadt zurückzukehren, wo ihr ein gediegener, nicht so ehrgeiziger Typ den wahren Sinn des Lebens erschließt. Nach einigem Hin und Her, ein paar Missverständnissen und vielleicht auch etwas Widerstand kommt sie schließlich zur Vernunft und gibt alles auf, um sich mit ihm zusammen ein Leben in der Kleinstadt aufzubauen. Für gewöhnlich endet der Film mit Mr. Gediegen, Mrs. Nicht-mehr-so-Ehrgeizig und ihrem frisch geborenen Baby, das quietschvergnügt in die Kamera lacht.

Nun, so gesehen ist an diesem Szenario nichts falsch. Jedoch scheint sich eine klare Botschaft durch alle diese Filme hindurchzuziehen: Alles, was du in deinem Leben erreicht hast, ist im Grunde genommen bedeutungslos. Deine Karriere dient dir lediglich als Intermezzo, bis du den richtigen Mann kennenlernst, zur Vernunft kommst und dich niederlässt. *Du hast es weit gebracht, Baby, aber jetzt ist es weit genug.* Zurück mit dir in die Schublade, wo du hingehörst, damit alles wieder seine Ordnung hat.

Ein weiteres Problem mit dem Mythos, alles erreichen zu können, ist, dass dieser Mythos Frauen in ein Entweder-oder-beides-Paradoxon verstrickt, das ebenso simpel wie kompliziert ist. Alles zu erreichen, bedeutet nicht nur, dass du Karriere machen und eine Familie haben musst, sondern dass du auch dein eigenes Wohlbefinden und deinen Seelenfrieden opfern musst, um beides zu erreichen. Irgendwo dazwischen wurden wir darauf konditioniert zu glauben, dass, was auch immer wir sonst noch werden, die Mutterschaft letztendlich unsere erste und wichtigste Aufgabe sein sollte. Schwimmt man gegen den Strom und bleibt freiwillig kinderlos oder gibt zu, dass die Geburt eines Kindes keine vollkommene Zufriedenheit gebracht hat, läuft man Gefahr, als ein herzloses Monster abgestempelt zu werden.

Wen wundert es da, dass wir Frauen als Individuen nicht richtig wissen, wer wir sind, was wir wollen und welche Rolle wir im Großen und Ganzen spielen?

Wir sind mehr als nur die Summe unserer Einzelteile oder Lebensentscheidungen.

Auf jede Frau, die sich für ein traditionelleres Lebensmodell mit Heim und Familie entscheidet, folgt eine andere, die das nicht will. Sind Letztere deshalb keine „echten" Frauen mehr? Und ist die Frau, die gerne Mutter werden möchte, aber keine Kinder bekommen kann, keine „ganze" Frau?

Was, wenn die Ehe nichts für dich ist oder du einfach noch nicht den richtigen Partner gefunden hast? Solltest du dich mit irgendjemandem zufriedengeben oder mit dem falschen Mann zusammenbleiben, nur um nicht allein zu sein? Ich kann dir aus Erfahrung sagen, dass das keine Option ist, jedenfalls keine sonderlich gute.

Ich habe endlich meinen Mr. Right gefunden. Aber erst als ich mir die Zeit nahm, herauszufinden, wer ich bin und was ich aus meinem Leben machen will, konnte ich ihn erkennen. Ich musste erst lernen, meine eigene Gesellschaft zu genießen und mein eigener bester Freund zu sein. Nachdem ich diese Stufe in meiner Entwicklung erreicht hatte, wurde mir klar, dass ich niemanden mehr brauchte, der mich vervollständigt, weil ich bereits vollständig war.

Anstatt mein Leben jemand anderem zu überlassen, konnte ich genügend Platz in meinem Leben für jemanden schaffen, der die Person, die ich bereits war, ergänzte und die Frau, zu der ich mich immer noch weiterentwickle, bereichert. Wir entwickeln uns gemeinsam weiter, und das ist einfach wunderbar.

Weißt du, im Leben geht es nicht darum, alles oder gar nichts zu haben. Es geht nicht darum, nach bestimmten Erwartungen zu leben, weder nach deinen eigenen noch nach denen anderer. Das Leben ist keine gerade Linie, auf der man schrittweise von einem bestimmten Ziel zum nächsten gelangt, bis man Perfektion erreicht hat. Perfektion existiert schlichtweg nicht, weil das Leben nun mal chaotisch und unvorhersehbar ist.

Du kannst dir jedoch das Leben aufbauen, das für dich perfekt ist. Wenn du lernst, Ängste und Erwartungen loszulassen, und es wagst, dich ins Unbekannte zu stürzen, wird das Leben zu einer abenteuerlichen Entdeckungsreise, während der du dich immer mehr selbst verwirklichst.

Ob wir uns nun dessen bewusst sind oder nicht: Angst prägt jede Facette unseres Lebens und wirkt sich auf einen Großteil unserer Entscheidungen aus. Sie beeinträchtigt unsere Arbeitsleistung und schafft Konflikte bezüglich unserer persönlichen Werte und unserer sozialen Beziehungen. Die Angst vor der Missbilligung unserer Eltern und Kollegen führt dazu, dass wir Entscheidungen treffen, die andere glücklich machen, oft auf Kosten unserer eigenen Zufriedenheit und unseres emotionalen Wohlbefindens. Wie viele von euch sind zu einem gewissen Studiengang gedrängt worden oder in einem Job geblieben, für den sie kaum Interesse hatten? Wie viele sind in einer Beziehung mit einem Partner geblieben, der nicht zu einem passt, nur weil alle anderen ihn für perfekt hielten?

Angst entsteht ebenfalls durch unsere persönlichen Erfahrungen. Ich weiß heute, dass meine frühere Beziehung noch viele Jahre nach der Trennung alle meine Kontakte mit Männern beeinträchtigte. Hinzu kam noch jener sexuelle Übergriff, der dazu führte, dass ich Angst davor hatte, mit einem Mann allein zu sein. Welche Ängste verfolgen dich und halten dich davon ab, dein Leben so zu leben, wie es dir eigentlich entspricht?

Nicht jede Angst ist negativ. Wir brauchen sogar eine gesunde Dosis an Misstrauen, Vorsicht und defensivem Verhalten, um unsere Sicherheit und unser Überleben zu gewährleisten. Das ist der sogenannte tägliche „Kampf-oder-Flucht"-Mechanismus, der unsere Vorfahren davor bewahrt hat, von Wölfen gefressen zu werden. Er bewahrt uns beispielsweise davor, von toxischen Menschen und Situationen „verschlungen" zu werden. Als Kleinkind lernen wir mittels Schmerz, dass es zum Beispiel wehtut, eine heiße Herdplatte zu berühren. Haben wir diese schmerzhafte Erfahrung einmal gemacht, jagt uns eine heiße Herdplatte Angst ein und wir lassen – im wahrsten Sinne des Wortes – künftig die Finger davon.

Leider lassen einige von uns zu, dass diese alltäglichen Erfahrungen einen übertrieben hohen Einfluss auf das eigene Leben haben. Wer sich zum Beispiel als kleines Kind vor Gewittern fürchtet, kann im schlimmsten Fall sein ganzes Leben lang Angst vor Stürmen haben. Ich habe einen Cousin, der sich als Kind aus Versehen in einem Koffer eingeschlossen hat. Seine Eltern fanden ihn nach ungefähr einer halben Stunde, aber in engen und überfüllten Räumen leidet er bis heute unter Klaustrophobie und massiven Angstzuständen.

In einem größeren Kontext betrachtet, führte die Angst vor einer Veränderung des Status quo und dem Verlust der patriarchalischen Hegemonie zu einer derartigen Gegenreaktion auf die Frauenbewegung.

Untersuchungen des *American Journal of Political Science* zufolge werden einige von uns mit einer niedrigeren Angsttoleranz geboren als andere. Was manche Menschen als eine „Lappalie" empfinden, stößt bei diesen Personen auf eine wesentlich geringere Toleranz. Sie gehören zu der Art von Menschen, die aus einer Mücke einen Elefanten machen und die bereits die geringste Schwierigkeit oder den kleinsten Rückschlag für eine Katastrophe halten. Dies manifestiert sich typischerweise in Form von sozialen Phobien, wie zum Beispiel Misstrauen gegenüber Fremden, sowie in einer generellen Angst vor externen Einflüssen.

Wenngleich Menschen, die in ihren sozialen und politischen Überzeugungen eher konservativ sind, allgemein ängstlicher wirken, ergab eine Studie, dass Menschen, die von Natur aus ängstlicher sind, alle in ihren Verhaltensweisen eher konservativ sind. Sie sind generell gehemmter und vorsichtiger und lassen sich seltener auf Veränderungen ein. Mit anderen Worten: Nicht alle konservativen Menschen sind ängstlich, aber fast alle ängstlichen Menschen sind generell konservativ.

Egal, wie und in welchem Maße du Angst erlebst, keine unserer Einstellungen und Verhaltensweisen ist irreversibel. Soziale Konditionierung und angeborene Tendenzen können überwunden werden, sodass wir unser Leben in vollen Zügen genießen können. Wir können Veränderungen als willkommene Chancen betrachten und sie als Sprungbrett zu mehr Selbstverwirklichung und größerer Lebenszufriedenheit betrachten. Dazu braucht es nur ein klein wenig mehr Selbstbewusstsein sowie die feste Entschlossenheit, sich von den Fesseln der Selbstzweifel, von innerem und äußerem Druck und von den Ketten sozialer Konditionierung zu befreien.

Im Endeffekt kommt es nur darauf an, dir selbst treu zu bleiben!

Wir stehen jeden Tag vor verschiedenen Optionen und Entscheidungen. Viele davon entstammen der Außenwelt, werden aber mit der Zeit internalisiert. Auch werden wir – bewusst oder unbewusst – zu einem erheblichen Maße von Menschen diktiert, die meinen zu wissen, was wir tun und lassen sollten, und die uns ein schlechtes Gewissen einreden, wenn wir uns für etwas anderes entscheiden.

Die Anzahl von Optionen, die uns tagtäglich durch den Kopf schwirren, gehen ins Unendliche:

„Soll ich nach dem Abi gleich zur Uni gehen oder soll ich mir erst einmal etwas Zeit zum Reisen nehmen?"

„Was soll ich studieren?"

„Wie soll meine Karriere aussehen? Will ich überhaupt Karriere machen?"

„Ist das der richtige Mann für mich? Will oder brauche ich überhaupt einen Mann?"

„Ist die Ehe das Richtige für mich?"

„Will ich Kinder haben? Wie wird sich das auf meine Karriere auswirken?"

„Stillen oder Fläschchen? Was ist das Beste für mein Kind? Was, wenn es nicht das Richtige für mich ist?"

„Soll ich dies oder jenes kaufen/essen/anziehen/tun?"

Uns wird beigebracht, bei den Entscheidungen, die wir treffen, nach Glück und Zufriedenheit zu suchen. Wenn wir das nicht erreichen, kommen Schuldgefühle und Zweifel auf, weil wir vermeintlich die „falsche" Entscheidung getroffen haben.

Es gibt keine falschen Entscheidungen. Jeder Fehltritt und jeder Rückschlag in unserem Leben zeigt uns, was das Richtige für uns ist und was wir nicht wollen. Entscheidungen zu unseren Ungunsten sind nur dann schlecht, wenn wir immer wieder dieselben Muster wiederholen und nichts daraus lernen.

Eine der härtesten Lektionen im Leben ist, dass weder andere Menschen noch äußere Umstände uns wirklich glücklich machen können. Glück und Zufriedenheit sind Seinzustände, die von innen kommen. Kein Mann, kein Job und kein materieller Besitz wird zu deinem Glück beitragen, wenn du dich nicht zuerst selbst liebst und mit dir selbst glücklich bist.

Wir müssen lernen, aus dem Wirrwarr von Zweifeln und Unentschlossenheit, das in den Köpfen so vieler von uns herrscht, herauszukommen und entschlossen, mit Zuversicht und Leidenschaft zu handeln.

Was brauchst du, um glücklich und zufrieden zu sein? Der erste Schritt ist, herauszufinden, was genau das für dich als Individuum bedeutet. Erst dann kannst du anfangen, dir das Leben aufzubauen, das für dich bestimmt ist. Wenn du Dankbarkeit und Lebensfreude ausstrahlst, wirst du zur rechten Zeit den richtigen Menschen begegnen und es werden sich dir die passenden Gelegenheiten bieten.

Es ist leichter, dein Schicksal selbst in die Hand zu nehmen, wenn du lernst, die Ketten der Erwartungen anderer und deine Selbstzweifel abzulegen und aus deinem Herzen heraus zu leben.

Bist du bereit?

WIE ÄNGSTE ENTSTEHEN UND DEIN LEBEN BEHERRSCHEN

Während ich in der Arztpraxis auf dem Untersuchungstisch saß, kam es mir so vor, als würde mein ganzes Leben vor meinen Augen vorbeiziehen. Es waren keine verschwommenen Bilder oder Lichtblitze, sondern eine Collage von Momenten, an denen ich gerne festgehalten hätte, und eine Erinnerung an all die kostbare Zeit, die ich manchmal verschwendet hatte.

Grund dafür war eine Reihe neuer medizinischer Untersuchungen. Mir wurde mitgeteilt, dass mein letzter Pap-Test nicht in Ordnung sei und dass es möglicherweise ein ernsteres Problem gäbe. Ich musste weitere Tests machen lassen, um herauszufinden, was da los war.

Die meisten Frauen haben sicherlich schon einmal die Tortur eines auffälligen Untersuchungsergebnisses durchgemacht und dann war am Ende doch alles in Ordnung. In meiner Familie hatte es schon mehrere Fälle von Gebärmutterkrebs gegeben, und diese Nachricht weckte in mir einige schlimme Erinnerungen aus meiner Kindheit.

Meine Tante starb nur vier Monate nach ihrer Diagnose an Gebärmutterhalskrebs. Sie war erst 37 Jahre, so alt wie ich jetzt, während ich das hier schreibe. Zum Zeitpunkt meiner gesundheitlichen Probleme war ich gerade 30 geworden. Beide Alterszahlen kamen mir uralt vor, als ich mit 12 Jahren erfuhr, dass meine Tante im Sterben lag.

Ich habe sie vor ihrem Tod nur noch einmal sehen können. Ich erinnere mich an eine deformierte, aufgedunsene Frau, deren Gesicht mit dem freundlichen Gesicht meiner Tante, das ich kannte, nichts mehr gemein hatte. Meine Mutter kümmerte sich während ihres letzten Lebensmonats um sie, und ihre Beschreibung dieser letzten Tage verfolgt mich bis heute. Und genau diese Erinnerungen trieben mich dazu, mein Leben in dem Moment zu ändern, als mir bewusst wurde, dass ich selbst vielleicht nicht mehr so viel Zeit haben würde.

Fakt ist, dass Krebserkrankungen im Vor- und Frühstadium behandelt werden können. Tante Emilia hatte es versäumt, einen Vorsorgetest zu machen, mit dem man ihren Krebs früher hätte erkennen können. Meine Mutter erzählte mir, ihre Schwester habe vor ihrem Tod als Letztes zu ihr gesagt, sie solle daran denken, einmal im Jahr einen Pap-Test machen zu lassen und dafür zu sorgen, dass meine Schwester und ich das auch tun, wenn wir älter sein würden. Aus diesem Grund trichterte uns Mutter während unserer gesamten Kindheit und im Erwachsenenalter immer wieder ein, wie wichtig regelmäßige Vorsorgeuntersuchungen und Präventivmaßnahmen seien.

Bei mir wurde Dysplasie diagnostiziert, eine häufige Vorstufe von Gebärmutterhalskrebs, die sich sehr gut behandeln lässt. Es musste nur ein kleiner Eingriff vorgenommen werden, um die veränderten Zellen zu entfernen, und es folgte noch eine genauere Untersuchung, der sich die meisten Frauen in Zukunft werden unterziehen müssen, insbesondere bei einer positiven Familienanamnese für diese konkrete Krebsart.

Doch ich hatte keinen Sinn für diese Fakten (die mich hätten beruhigen können), während ich auf dem Untersuchungstisch saß und auf die Biopsie wartete. In meinem Kopf trommelte es permanent: *„Was, wenn ich nur noch vier Monate habe?"*

In Zeiten wie diesen wird einem klar, wie kurz und zerbrechlich das Leben tatsächlich ist. Während der zwei Wochen, in denen ich auf meine zweite Runde von Labortests warten musste, machten mich meine Gedanken an das Schlimmste fix und fertig.

Ich überlegte, ob ich es meiner Familie sagen oder lieber warten sollte, bis ich etwas Konkretes wüsste. Schließlich gäbe es nichts zu erzählen, wenn meine Tests negativ wären, und sie hätten sich dann nur grundlos Sorgen um mich gemacht. Wenn die Tests hingegen positiv wären, hätte ich zwei weitere kostbare Wochen mit den Menschen, die ich liebe, verloren.

Schließlich behielt ich es etwa eine Woche lang für mich und traf mich dann zu einem ausgiebigen Mittagessen mit meiner Mutter, die mich beruhigte, obwohl ich die Besorgnis in ihren Augen sehen konnte. Sie erinnerte sich ja noch viel besser an ihre Schwester als ich.

Während dieser Zeit dachte ich auch darüber nach, was für Spuren ich in der Welt hinterlassen würde und wie ich diese letzten Monate verbringen könnte, sollte mir nur noch so viel Zeit auf Erden bleiben. Die letzten paar Jahre meines Lebens waren, gelinde gesagt, abnormal und verstörend gewesen. Nichts war so gelaufen, wie ich es geplant und erwartet hatte. Nun zog ich die Möglichkeit in Betracht, dass meine Zeit vielleicht knapp wurde.

Da beschloss ich, mein Leben nicht länger zu verschwenden.

Wenn ich eine Gelegenheit zu irgendetwas hatte, nutzte ich sie. Ich wollte nicht länger zulassen, dass Angst, ob nun echt oder nur eingebildet, mein Leben beherrschte. Auch heute noch werde ich hin und wieder von der Angst und gewissen Zweifeln heimgesucht. Der Unterschied ist, dass ich jetzt weiß, wie ich mit Ängsten und Unsicherheiten umgehen und sie relativieren kann. Diese veränderte Denkweise ermöglicht es mir, meine Sorgen als vorübergehende Turbulenzen zu erleben und nicht als welterschütternde Tragödien, die alles zum Stillstand bringen.

Welche Ängste regieren dein Leben? Wenn du erfahren würdest, dass du nicht mehr lange zu leben hast, würdest du dann deine letzten Tage in Reue verbringen? In jenen lebensentscheidenden Momenten wurde ich von der harten, bitteren Wahrheit, die sich unter dem Mikroskop eines Arztes zeigte, aus meinem Selbstschutz-Halbschlaf wachgerüttelt.

Du musst nicht auf ein lebensveränderndes Ereignis warten, um aufzuhören, dein Leben von Ängsten dominieren zu lassen.

Man sollte nicht erst gesundheitliche Probleme haben oder gerade noch „knapp davongekommen" sein, um zu begreifen, dass das Leben kurz ist und man nur eine einzige Chance hat, sein Bestes zu geben. Leider brauchen einige von uns einen gewaltigen Weckruf, um wieder auf Kurs zu kommen.

Angst ist weder gut noch schlecht. Wir werden mit einem natürlichen Instinkt geboren, der uns warnen soll, wenn unser Leben in Gefahr ist. Diese Art von Angst ist gut und notwendig. Andere Ängste wiederum werden erzeugt und hervorgerufen, um unser Verhalten unbewusst zu kontrollieren. Schließlich gibt es noch die Ängste und Grenzen, die wir uns selbst auferlegen.

Welche Ängste kontrollieren dein Leben und hindern dich daran, dich frei in der Welt zu bewegen? Sind es Ängste, die du dir selbst auferlegt hast? Oder sind deine Ängste jener Massenpanik zuzuordnen, welche die Medien uns tagtäglich eintrichtern? Oder stellen sie eine Kombination aus persönlicher Lebenserfahrung und sozialem Anpassungsdruck dar?

Vom Wesen der Angst

„Die älteste und stärkste Emotion des Menschen ist Angst, und die älteste und stärkste Form der Angst ist die Angst vor dem Unbekannten."

Mit diesen Worten beginnt H. P. Lovecrafts Essay „Supernatural Horror in Literature", der vor knapp einem Jahrhundert geschrieben wurde. Dieser Essay basiert auf der Prämisse, dass der Mensch sich zum Horrorgenre hingezogen fühlt, weil er dadurch besser mit seinen eigenen Ängsten umgehen kann und sie somit relativiert. Stephen King ging in seinem Sachbuch „Danse Macabre" noch etwas tiefer auf dieses Phänomen ein und behauptete sogar, dass wahre Horrorfilme wie „The Amityville Horror" auf fiktionale und übernatürliche Ereignisse zurückgreifen, um uns beim Verstehen unserer eigenen unbewussten Alltagsängste zu helfen.

Was diese zeitgenössische Neuerzählung der klassischen Geisterhausgeschichte betrifft, könne laut King jeder, der schon mal ein zerfallenes Haus gekauft hat, die Angst vor dem Einzug in ein neues Haus ernsthaft nachvollziehen. Die übernatürliche Komponente sei lediglich eine überspitzte Darstellung des emotionalen und finanziellen Schmerzes, den wir angesichts immer wiederkehrender Schäden und Reparaturkosten erleiden.

Historisch und trendgeschichtlich betrachtet, neigen Horrorliteratur und Horrorfilme dazu, in Zeiten nationaler Krisen sowie in Zeiten von Umbrüchen und politischer Ungewissheit populärer zu werden. Dabei handelt es sich um eine Form der sozialen Säuberung oder um eine Manifestation unseres kollektiven Unbehagens. Das Horrorgenre blühte in den 1930er-Jahren auf, erlebte zum Höhepunkt des Kalten Krieges eine Renaissance und gewann während der ökonomischen Unwägbarkeiten und sozialen Umstellungen der 70er-Jahre und nachfolgend erneut an Popularität. Diese Themen finden bei vielen von uns Widerhall und halten gleichzeitig unsere eigenen Ängste in Schach. Denn das „echte Leben" wirkt – im Vergleich dazu – gar nicht mal so schlecht.

Die Kehrseite der populären Medien, die uns als eine Art Katalysator im Umgang mit der Angst dienen, ist die unbewusste Erzeugung von Angst durch die Presse, durch Politiker sowie durch unser eigenes soziales Umfeld.

Frauen, die einmal schikaniert wurden, leben ihr Leben lang mit der Angst. Wir lernen, damit umzugehen, aber die Angst selbst kann nicht „verlernt" werden. Sie ist eine Art Selbstschutz. Problematisch wird es, wenn wir uns von dieser natürlichen Angst beherrschen lassen.

Ich persönlich hatte nach dem Ausstieg aus einer Gewaltbeziehung große Angst vor Intimität. Als es mir dann besser ging und ich meinen Schutzpanzer ablegte, erlitt ich einen sexuellen Übergriff. Das Fatale: Ich gab mir selbst mehr Schuld als den Männern, die mich missbrauchten.

Die Gesellschaft verstärkt noch die Schuld, die Frauen auf sich nehmen, wenn sie zu Opfern sexueller Gewalt werden. Es werden Fragen zu ihrer Vergangenheit gestellt und was sie getragen oder möglicherweise getan haben, um die Täter zu „motivieren" oder um sich angreifbar zu machen.

In gewisser Weise werden wir bereits als kleine Mädchen darauf konditioniert, Missbrauch als einen Liebesbeweis zu sehen. Wenn ein Junge dich hänselt oder mobbt, wird das als Beweis seiner Schwärmerei für dich verpackt. „Er mag dich halt", sagt man uns. Jungs seien nun mal Jungs, und wenn uns das nicht passe, seien wir Spielverderber und sozial inkompetent.

Wenn wir älter werden, sagt man uns, dass Eifersucht und besitzergreifendes Verhalten nichts weiter als Zeichen der Liebe seien. Wenn er dich nicht lieben würde, so die Logik, wäre es ihm egal, ob ein anderer dich anschaut oder mit dir flirtet. Und so lernen wir, das Inakzeptable zu akzeptieren und es als eine Form von Liebe zu interpretieren.

Wir leben aber auch mit einem allgegenwärtigen Unbehagen und mit einer Unruhe, die uns daran hindern, uns frei durch das Leben zu bewegen. Einigen Studien zufolge sollen sogar die sozialen Sphären, in denen wir uns bewegen, Frauen unbewusst mit Angst erfüllen und ihr Verhalten kontrollieren. Die Presse trägt dazu bei, indem sie sowohl reale als auch dramatisierte Gewalt und Gefahren hochspielt und dabei die Statistik tatsächlicher Verbrechen ignoriert.

Darüber hinaus haben historische Studien, die sich mit Angst befassten, diese nicht geschlechtsspezifisch formuliert. Die einzige Ausnahme war eine Studie, die zu dem Schluss kam, dass Frauen generell ängstlicher seien, wobei unsere Ängste nicht so sehr auf die soziale Konditionierung und die durchaus reale Gefahr von Gewalt zurückzuführen seien, sondern vielmehr auf unser Wesen, das leicht einzuschüchtern sei, sowie auf unsere „hysterische Art".

Mit anderen Worten: Wir bilden uns das alles nur ein. Aber: Wer setzt uns das in den Kopf?

Wir leben in einer Gesellschaft, in der Frauen Angst um ihre körperliche Unversehrtheit haben – etwas, was Männer nie ganz verstehen werden. Klar, auch sie mögen Opfer von Gewaltverbrechen sein, aber wie viele Männer laufen mit Tränengas in der Jackentasche herum, nur für den Fall, dass sie auf dem Weg zum Auto angegriffen werden? Gibt es Männer, die beim Spazierengehen einen Anruf vortäuschen, um nicht von irgendeinem Spinner an einem öffentlichen Ort angebaggert zu werden? Oder die die automatische Standortfreigabe auf ihrem Handy einschalten, falls das Date übel ausgeht? Müssen sie auf einer Party oder an einem öffentlichen Ort ihre Drinks im Auge behalten, den längeren Weg nach Hause nehmen, um dunkle Straßen zu meiden, und einen Freund anrufen, um ihm Bescheid zu geben, dass sie heil nach Hause gekommen sind?

Zusätzlich zu den Ängsten, die bei uns durch dramatische Nachrichtenmeldungen ausgelöst werden sowie durch schlimme Geschichten, die Freunden und Familienmitgliedern widerfahren sind, kommen also auch noch unsere persönlichen Ängste hinzu.

Wer von uns hat nicht schon mal neidvoll eine Mitschülerin, eine Freundin oder eine Schauspielerin angeschaut, sich mit ihr verglichen und dabei Defizite im eigenen Aussehen, im eigenen Outfit oder in der eigenen Ausstrahlung festgestellt? Wir machen uns Gedanken um unser äußeres Erscheinungsbild, wenn wir uns mit anderen Mädels unseres Alters vergleichen. Wenn wir auf ein Date gehen, machen wir uns verrückt, ob der Typ uns wohl mögen wird, anstatt darüber nachzudenken, ob *er* unseren Standards entspricht.

Nicht nur in sozialer Hinsicht wird Frauen das Gefühl gegeben, minderwertig oder sozusagen „unterlegen" zu sein. Ich erinnere mich an eine Freundin von der Universität, eine brillante junge Frau, die ihr Studium als Klassenbeste absolvierte. Sie studierte Informatik als eine der wenigen Frauen und musste doppelt so hart arbeiten, um sich in diesem männerdominierten Studienfach zu beweisen.

Nachdem sie hart gekämpft und sich akademisch bewiesen hatte, lernte sie eine weitere bittere Realität kennen, als sie nach erfolgreichem Abschluss zu einem Vorstellungsgespräch ging. Ausgerüstet mit einem herausragenden Lebenslauf, mehreren Empfehlungsschreiben verschiedener Professoren und einer nagelneuen ledernen Aktentasche ging sie von einem Bewerbungsgespräch zum nächsten, wo ihre Qualifikation ausschließlich aufgrund ihres Geschlechts angezweifelt wurde.

Einige Interviewer schienen sich über sie lustig zu machen, und nicht wenige gingen davon aus, dass sie eine Stelle als Rezeptionistin oder Sekretärin suchte. Als sie einen potenziellen Arbeitgeber darüber informierte, dass sie sich für die Stelle als Programmiererin beworben habe, rief der Herr, der das Vorstellungsgespräch führte, seinem Kollegen im

Nebenraum belustigt zu: „Hast du das gehört? Die Kleine hält sich für eine Programmiererin."

Mit jedem Vorstellungsgespräch sanken ihr Selbstwertgefühl und ihr Selbstvertrauen mehr. Nach einer Woche solcher Gespräche nahm sie die nächstbeste Stelle an, die ihr angeboten wurde. Sie gab ihren Traum jedoch nicht auf. Kaum hatte sie diese Stelle angetreten, zeigte sie allen, wer sie ist und was sie draufhat. Heute ist sie IT-Leiterin dieser Firma.

Wie viele von uns haben ihrem Traum den Rücken zugekehrt, nachdem man uns fertiggemacht oder ausgegrenzt hat, weil wir gegen die Norm oder gegen bestimmte Erwartungen gehandelt haben? Ich würde wetten, mehr als die Hälfte der Frauen, die das hier gerade lesen.

Ein sehr häufiges Szenario ist das Kind, das einen bestimmten Bildungs- und Berufsweg einschlagen soll. Dies hängt für gewöhnlich mit dem Wunsch zusammen, dass das Kind in den Familienbetrieb einsteigen soll, oder mit der Überzeugung, dass bestimmte Berufsfelder lukrativer und angesehener seien als andere. Das Kind wird entsprechend geformt, gesteuert und gedrängt, die Schritte zu gehen, die notwendig sind, um diesen Traum zu erfüllen, der oftmals nicht der Traum des Kindes ist, sondern der anderer.

So erfüllt das Kind den Wunsch der anderen und entwickelt dabei Ängste. Wird es den Erwartungen seiner Eltern und der Gesellschaft gerecht werden? Was, wenn ihm dabei klar wird, dass seine Talente und Interessen ganz woanders liegen?

Dies bringt wiederum eine Reihe neuer Ängste mit sich, wie Versagensängste und die Angst vor Ablehnung. Zu dem Bemühen, den Erwartungen anderer gerecht zu werden, kommt auch noch der innere Konflikt hinzu, der daraus entsteht, dass du ein Leben lebst, das nicht deinem Naturell entspricht, und tief in die spürst, dass dies nicht der richtige Weg für dich ist. Das führt viele Frauen in lieblose und/oder missbräuchliche Ehen mit Männern, die vom Prestige her gut in den „Rahmen" passten und daher von der Familie „abgesegnet" wurden. Es führt dazu, dass wir in unglücklichen Beziehungen und nicht erfüllenden Jobs verharren, obwohl wir sie schon längst hinter uns hätten lassen sollen und etwas Neues hätten beginnen sollen.

Mit innerer Stärke und Tapferkeit können wir gegen den Strom schwimmen und dabei unversehrt bleiben. Aber was kannst du tun, wenn du selbst dein größter Feind bist? Das Haupthindernis, das Leben zu führen, das du eigentlich führen solltest, kommt nämlich häufig von innen.

Wie Ängste entstehen und dein Leben beherrschen

Siehst du das Leben als einen weiten Horizont voller Möglichkeiten, oder bist du eher jemand, der sich von vermeintlichen Grenzen zurückhalten lässt? Bist du bereit, auch mal ein Risiko einzugehen, oder gehst du lieber auf Nummer sicher?

Viele von uns entwickeln eine angstbasierte Denkweise, die uns daran hindert, Chancen zu erkennen oder sie zu nutzen. Sogar die Angst vor einer positiven Entwicklung in unserem Leben kann uns davon abhalten, unser volles Potenzial auszuschöpfen. Angstbasiertes Denken löst in deinem Gehirn eine chemische Reaktion aus, bei der Signale an den Rest deines Körpers weitergeleitet werden, um ihn zu schützen. Diese Impulse sind so stark, dass es unter Umständen zu einer Beeinträchtigung deiner körperlichen Gesundheit und deiner Gehirnfunktionen kommen kann, wenn du Ängsten oder Gefahren ausgesetzt bist, was zu Angststörungen oder Erkrankungen wie PTBS führen kann.

Wie entsteht Angst und wie beherrscht sie dein Leben? Größtenteils entsteht Angst als Konflikt zwischen unserem Selbstbild, unseren Interessen, unserer Denkweise, unserer Wahrnehmung und dem Bild, das andere von uns haben. Wir sind sozusagen permanent zwischen Erwartung und Realität „eingequetscht".

Wir lernen von klein auf, bloß nichts zu tun, was unsere Eltern und Lehrer in Schwierigkeiten bringen oder enttäuschen könnte. Diese werden wiederum von ihren eigenen Ängsten angetrieben. Unsere Lehrer treiben uns zu Höchstleistungen an, weil unsere Leistung ein Spiegelbild ihrer eigenen ist. Eltern äußern Enttäuschung, Besorgnis oder Wut aufgrund ihrer eigenen Ängste und Sorgen um das Wohlergehen und Glück ihrer Kinder.

Mit dem Eintritt eines Mädchens in die Adoleszenz bringen hormonelle und körperliche Veränderungen weitere Ängste mit sich. Es entsteht die Angst vor dem Unbekannten, die Angst davor, mit Gleichaltrigen mithalten zu müssen, sowie die Ängste, die ausgelöst werden, wenn andere – seien es nun Familienmitglieder, Schulkameraden oder Fremde – diese Veränderungen mitbekommen und sie kommentieren. Dies geschieht oft auf eine Art und Weise, die bestenfalls peinlich und schlimmstenfalls respektlos ist und zu einer tiefen Verunsicherung führen kann.

Jeder von uns ist einzigartig und sieht die Welt mit seinen eigenen Augen. Selbst Menschen, die ähnliche Lebenserfahrungen gemacht haben und einen ähnlichen Hintergrund haben, werden unterschiedlich mit den

Herausforderungen des Lebens umgehen. Ein Beispiel sind meine Schwester und ich. Wir sind im selben Haus aufgewachsen und von denselben Eltern großgezogen worden, aber unsere Ansichten, unser Charakter und unsere Verhaltensweisen könnten kaum unterschiedlicher sein. Jeder Mensch wird durch seine Erziehung, durch die Gesellschaft, in der er aufwächst, sowie durch seine individuellen Lebenserfahrungen geprägt.

Ein weiterer Einflussfaktor ist unsere Persönlichkeit, wenngleich diese nicht „statisch" ist, sondern sich durch verschiedene Lebenserfahrungen verändern kann. So kann zum Beispiel eine aufgeschlossene Person, die ständig beschimpft oder zum Schweigen aufgefordert wird, mit der Zeit verschlossen werden. Oder eine normalerweise schüchterne Person erstrahlt und wird lebhafter, wenn sie etwas beschreibt, was sie begeistert.

Ich war völlig überrascht, als ich erfuhr, dass ein Mädchen, mit dem ich zur Schule ging und das nie Wert auf schicke Kleider und Make-up gelegt hatte, ein ziemlich bekanntes Model wurde. Es wäre äußerst interessant zu erfahren, was zu einer so unerwarteten Wende in ihrem Leben geführt hat.

Fakt ist, dass wir uns ständig verändern können, wenn wir es wollen und zulassen. Was uns eigentlich davon abhält, unser volles Potenzial auszuschöpfen, ist die Meinung anderer Leute, deine eigene Denkweise und deine Risikotoleranz.

Wie kommt es zu einer angstbasierten Denkweise und wie kannst du deine interne Programmierung zurücksetzen? Ich möchte dies anhand eines sehr häufigen Szenarios erläutern, das in Tausenden von Familien auf der ganzen Welt vorkommt.

Die Geschichte ist uralt und man findet sie in jeder Familie. Ein kleines Mädchen wacht mitten in der Nacht auf. Sie kannte bis jetzt nur Liebe und Geborgenheit, also hat sie keine Angst davor, das Haus zu erkunden, wenn der Rest der Familie schläft. Ihre Eltern wissen, dass sie sich verletzen könnte, wenn sie nachts in der Dunkelheit durchs Haus wandert, sodass sie mit ihren Nerven am Ende sind und verzweifelt nach einem Weg suchen, sie davor zu bewahren.

Aus Angst um die Sicherheit ihres Kindes lassen sie sich schließlich dazu hinreißen, eine gruselige Geschichte zu erfinden, um ihrem Kind eine weitere Angst einzuflößen – die Angst vor dem schwarzen Mann. Sie erzählen dem Mädchen, dass Geister im Haus wären oder dass sich ein Monster im Schrank verstecken würde, das ihr wehtun wird, wenn sie weiterhin nachts auf Wanderschaft geht.

Anstatt Spaß beim Erkunden zu haben, verkriecht sie sich jetzt jede Nacht im Bett und fragt sich, was wohl mit ihr geschehen wird, wenn sie auch nur eine Zehe auf den Boden setzt.

So entsteht die Angst, und sie setzt sich auch dann weiter fort, wenn die Kindheit zu Ende geht.

Eltern flößen ihren Kindern Angst ein, um sie zu schützen. Einige Religionen halten uns in einem Zustand permanenter Angst, indem sie uns lehren, dass es ein omnipräsentes Wesen gäbe, das jede einzelne unserer Bewegungen mit Argusaugen verfolgen würde, um darüber zu urteilen. Unsere Nachbarn flößen uns Angst und Scham ein, indem sie uns kritisch beobachten. Die Medien verbreiten Angst und Schrecken, indem sie permanent über das Böse in der Welt berichten. Die Werbung lässt dich an deinem Selbstbild zweifeln und nagt an deinem Selbstbewusstsein, indem

Produkte und Bilder propagiert werden, die dein Aussehen verbessern und dich „gesellschaftsfähiger" machen sollen. Die darunterliegende Botschaft ist, dass das, was du bist und was du tust, nicht gut genug ist. Wenn du nicht in diese Schublade passt, wenn du nicht diesen Job hast oder wenn du nicht etwas von einer bestimmten Marke besitzt, gehörst du einfach nicht dazu.

Das führt zu einer weiteren allgemein verbreiteten Angst, nämlich zu der Angst vor dem Andersartigen. Wenn wir jemanden sehen, der anders ist oder anders denkt, werden wir misstrauisch und bekommen Angst vor ihm. Vielleicht ist dies eine Reflexion unserer eigenen Unsicherheit oder unserer Abneigung gegenüber Menschen, die zu einer anderen Melodie tanzen, während wir selbst nicht den Mut dazu haben.

Eine Reflexion dieser Angst ist die Angst davor, nicht dazuzugehören oder aufgrund der eigenen Andersartigkeit ausgeschlossen zu werden. Jedes Kind, das auf Gelächter oder Spott stößt, weil es sich anders als die anderen gekleidet hat, weil es ein neues Spiel vorgeschlagen hat, das auf Ablehnung stößt, oder sich sonst wie anders verhalten hat und damit als „andersartig" gilt, wird es sich beim nächsten Mal zweimal überlegen, ob und wie es auftritt.

Weniger bekannt ist das Phänomen des schrägen Außenseiters, der gnadenlos gehänselt wird und dem das scheinbar nichts ausmacht. Dieses Kind wächst für gewöhnlich zu einem Erwachsenen heran, der im Laufe seines Lebens eine revolutionäre Entdeckung macht oder Trends setzt. Seltsamerweise reden dann dieselben Leute, die diese Person als Kind verspottet haben, mit Stolz darüber, zu welch einem herausragenden Innovator er oder sie geworden ist.

Was unterscheidet diese Kinder von denen unter uns, die alles tun würden, um nicht ausgelacht oder ausgegrenzt zu werden? Ist es ihre Erziehung, oder ticken sie einfach anders als der Rest von uns? Wie können wir uns ihre Lebensfreude und ihre Leidenschaft aneignen?

Wie man Angst in Treibstoff für Erfolg umwandelt

In jeder Phase unseres Lebens stoßen wir auf neue Ängste und Unsicherheiten. Die Angst vor der Dunkelheit aus unserer Kindheit kann nachlassen, wenn wir mehr über die Welt um uns herum erfahren und unsere Umwelt infolgedessen nicht mehr so unheimlich auf uns wirkt.

Sobald diese Ängste aus unserer Kindheit verfliegen, stoßen wir jedoch auf Unsicherheiten bezüglich unseres Äußeren sowie auf sorgenvolle Bedenken, ob wir es schaffen werden, mit unseren Altersgenossen mitzuhalten. Mit der Zeit werden diese Ängste von Sorgen um unsere schulischen oder beruflichen Leistungen abgelöst. Werdende Eltern sind während der Entwicklung ihres ungeborenen Kindes voller Angst. Die Freuden der Mutterschaft werden durch neue Ängste um die Gesundheit und den Schutz des Kindes gedämpft sowie durch die Sorge darüber, was für eine Zukunft ihr Kind als Erwachsener haben wird.

Ich erinnere mich an einen Kurs, den ich vor einigen Jahren besuchte. Ich musste ihn im Rahmen meiner Schulausbildung belegen. Er hieß *PMA: The Science of Success*, benannt nach einem Buch von Napoleon Hill. [8] In diesem Lehrbuch stand nichts sonderlich Neues oder Revolutionäres; es war eines dieser zahlreichen hilfreichen Selbsthilfe-/Produktivitätsbücher, wie sie bereits davor und auch danach erschienen sind. Im Rahmen unseres Lehrplans war nun dieses konkrete Buch ausgewählt worden.

Die Abkürzung „PMA" im Titel steht für „Positive Mental Attitude". Das Buch befasst sich mit den 17 Prinzipien, die dem Autor zufolge zu einem erfolgreichen Leben führen. Der Fokus liegt dabei größtenteils auf der Prämisse, dass uns eine Vielzahl von Ängsten davon abhält, unser volles Potenzial auszuschöpfen, und somit diese Prinzipien untergräbt. Soweit ich mich erinnere, wurden sieben Ängste im Buch dargelegt, aus denen sich alle anderen Ängste ableiten lassen. Um zu verstehen, was diese Ängste sind und wie sie unser Verhalten beeinflussen, mussten wir eine Reihe von Übungen durchlaufen, um unsere Ängste zu überwinden und somit den Weg zum Erfolg frei zu machen.

Ich muss zugeben, dass ich viele der Lektionen aus diesem Buch kurz nach Abschluss des Kurses vergessen habe, aber es gibt ein paar Konzepte, die mich sehr angesprochen haben und die ich heute viel besser verstehe.

Einige der Ängste und Hindernisse sind selbsterklärend. Wer von uns hat sich nicht schon mal vor Versagen, Armut oder dem Tod gefürchtet? Was mich jedoch wirklich verblüfft hat, war die „Angst vor dem Erfolg". Wie kann denn jemand Angst vor Erfolg haben?! Ist es nicht genau das, was wir uns letztendlich alle im Leben wünschen: Erfolg, Zufriedenheit und Seelenfrieden?

Allerdings geht es nicht wirklich um die Angst vor dem Erfolg. Es geht um die Angst vor dem Unbekannten, um die Angst davor, wie sich dein Leben verändern würde, wenn es richtig gut laufen würde. Das stellt kein so großes Problem für Menschen dar, die in ihrem Leben nur geringen Schwierigkeiten ausgesetzt waren, aber für jemanden, der fast sein ganzes Leben lang mit Problemen zu kämpfen hatte oder der bereits vor scheinbar unüberwindlichen Hindernissen stand, kann dies erdrückend sein.

Bei solchen Fällen wird die Angst zu einer Denkweise, die sich nur schwer und nur mit viel Mühe überwinden lässt.

Wenn du daran gewöhnt bist, dass deine Welt zusammenbricht, erzeugt der Gedanke an ein sorgenfreies Leben eine neue Angst. Du hast bereits so lange im Überlebensmodus gelebt, dass du regelrecht auf Probleme „konditioniert" bist. Dies wird zu deinem „Standardmodus" und hindert dich infolgedessen daran, Erfolg zu genießen. Du bist ständig auf der Hut und „wartest" nur darauf, dass etwas schiefgeht oder dass irgendeine höhere Macht über dich hereinbricht und dir alles wegnimmt.

Ist es nicht anstrengend, die ganze Zeit in Angst zu leben?

Anstatt zuzulassen, dass diese Ängste dich davon abhalten, dich zu der Frau zu entwickeln, als die du gedacht bist, kannst du lernen, die Kraft dieser Angst zu nutzen und sie in Treibstoff für ein erfolgreiches Leben nach deinen Vorstellungen umzuwandeln. Erst dann wirst du den Weg zur Selbstverwirklichung finden.

DER WEG ZUR SELBSTVERWIRKLICHUNG

Als ich anfing zu schreiben, war es nur für mich selbst. Abgesehen von Kurzgeschichten, Essays, dem einen oder anderen Gedicht und wissenschaftlichen Arbeiten, die ich während meines Studiums schrieb, war das Schreiben für mich nichts anderes als ein unterhaltsames Hobby, wie zum Beispiel Lesen oder Fußballspielen.

Obwohl ich an der Uni Literatur studiert hatte, hatte ich eine Karriere als Schriftsteller nie in Betracht gezogen. Das war etwas für große Denker und kreative Typen. Ich war zwar klug, aber sicherlich nicht „schriftstellerklug".

Im Rahmen meiner Therapie fing ich dann wieder mit dem Schreiben an, hauptsächlich in Form von Tagebüchern und Achtsamkeitsübungen, zu denen ich später noch etwas sagen werde. Zuerst traute ich mich nicht, meine Werke irgendjemand anderem als meiner Therapeutin zu zeigen. Sie meinte dann aber, ich hätte vielleicht etwas zu sagen, das anderen Frauen helfen könnte, und überdies eine empathische Ausdrucksweise.

Das brachte mich zum Nachdenken, machte mir aber gleichzeitig auch Angst. In meinem Kopf stellte ich mir einen Schriftsteller als einen einsamen Wolf vor, einen Gelehrten, der abends vor einem Lagerfeuer seine Pfeife raucht und sich mit großen Gedanken beschäftigt. Die meisten namhaften Schriftsteller, von denen ich während meines Studiums gelesen hatte, waren Männer. Wenn ich mir Frauen überhaupt als Schriftstellerinnen vorstellte, dann als Autorinnen von Liebesromanen und anderen frivolen Werken, die nicht gerade mein Ding waren.

Damals hatte ich nie auch nur einen Gedanken daran verschwendet, dass ich Sachbücher und Essays über mein Leben und meine Probleme schreiben könnte. Und selbst wenn ich auf diese Idee gekommen wäre, hätte ich sie wahrscheinlich auf der Stelle wieder verworfen.

Was hatte ich, als noch relativ junge Frau, die nichts wirklich Großes erreicht hatte – jedenfalls meiner Meinung nach –, schon zu sagen? Und wer würde das schon lesen wollen? Ich war auf keinem Gebiet Expertin. Ich hatte weder Psychologie noch irgendeine andere Disziplin studiert, die hilfreich oder nützlich wäre. Was würde ich sagen, und wem würde ich es sagen?

Meine Therapeutin dachte über all meine Bedenken nach, während ich in ihrem Therapiezimmer auf und ab ging und nach allen möglichen Gründen suchte, warum ich *nicht* Schriftstellerin werden könnte. Dann redete sie Klartext mit mir.

Erstens erinnerte sie mich daran, dass ich etwas geschafft hatte, was viele Frauen nicht fertigbrachten: Mir war schon früh klar geworden, dass ich in einer missbräuchlichen Beziehung war, und ich hatte meine Sachen gepackt und war gegangen. Wie viele Frauen leben immer noch mit ihren Peinigern zusammen und denken, es gäbe für sie keinen Ausweg? Zweitens hatte ich einen sexuellen Übergriff überlebt und den Mut gefunden, mir Hilfe zur Überwindung zu suchen. Ich hatte mich davon weder unterkriegen noch dominieren lassen. Dann stellte sie mir eine Frage. Sie sagte: „Meinen Sie nicht, dass es viele Frauen gibt, die im stillen Kämmerlein leiden und sich durch Ihr Buch getröstet fühlen und darin sogar Hoffnung auf Heilung finden würden?"

Als ich ihr Büro verließ, war ich inspiriert und bereit, mein erlangtes Wissen mit der Welt zu teilen.

Ich ging nach Hause und blickte auf einen leeren Bildschirm. Wo sollte ich anfangen?

Wie im Leben ist auch beim Schreiben der Anfang manchmal das Schwierigste.

Also las ich Dinge, die ich für inspirierend hielt, schaute mir häufig gesuchte Suchbegriffe zu Frauenproblemen, Missbrauch und psychischer Gesundheit an und kombinierte das, was ich dabei fand, mit dem, was ich selbst erlebt hatte. So stellte ich eine ganze Reihe von Themen und Ideen zusammen. Und so gelang mir schließlich mein erster Artikel. Nachdem ich mich für ein Thema entschieden und die ersten paar Sätze geschrieben hatte, merkte ich, dass mir der Rest fast wie von selbst von der Hand ging.

Kurz darauf stieß ich jedoch auf ein neues Problem. Wo sollte ich diesen Artikel veröffentlichen? Sollte ich einfach nach Zeitschriften suchen, die von Frauen gelesen wurden und die von meinem Beitrag profitieren könnten, und ihn an die Redaktion schicken? Sollte ich in Google nach Websites suchen, um dort meine Artikel zu veröffentlichen, oder sollte ich sie in meinen sozialen Netzwerken posten und hoffen, dass die Leute sie dort finden würden? Ich war ein blutiger Anfänger in der Welt des Verlagswesens und des professionellen Schreibens, und ich hatte niemanden, den ich als Neueinsteiger um Rat fragen konnte.

Letztendlich beschloss ich, einen Blog zu starten, der sich zu einer Website und einem Buch entwickelte, nachdem ich mich etabliert hatte.

Ein weiteres Problem war eher persönlicher Natur. Ich machte mir Gedanken darüber, was andere Leute wohl von mir denken würden, sodass meine Schriftstellerkarriere an jenem ersten Tag am Küchentisch fast zu Ende gegangen wäre, bevor sie überhaupt richtig begonnen hatte. Mit „anderen Leuten" meinte ich die Menschen, die mir nahestehen und deren Meinung über mich mir unsagbar wichtig ist.

Der Gedanke, dass Fremde meine Worte lesen würden, machte mir nicht annähernd so viel Angst wie die Vorstellung, dass die Menschen, mit denen ich verkehrte, über meine innersten Schwächen, Ängste und Geheimnisse erfahren würden. Würden sie mich verurteilen, nachdem sie meine Worte gelesen hatten? Dass diese Menschen meine Geschichte und Gedanken inspirierend finden oder gar stolz auf mich sein könnten, kam mir überhaupt nicht in den Sinn.

Nach fast einem Jahrzehnt professionellen Schreibens habe ich gelernt, dass man es nicht jedem recht machen kann. Manchmal kann man es niemandem recht machen, und das ist in Ordnung. Das zu akzeptieren, war zwar eine große Hürde für mich, aber ich konnte sie überwinden, ohne zu stolpern oder abzustürzen. Auch wurde mir klar, dass ich gar nicht anders konnte, als die Wahrheit klipp und klar auszusprechen. Denn nur wenn ich grundehrlich bin und mein Herz sprechen lasse, sehe ich meine Mission als erfüllt an. Und wenn das, was ich sage bzw. schreibe, auch nur bei einer einzigen Person gut ankommt, dann hat es sich gelohnt.

Keiner von uns lebt mit einer Erfolgs- oder Glücksgarantie. Aber wenn wir es nie versuchen, werden wir nie wissen, wie großartig das Leben sein kann. Wenn wir es versuchen und dabei versagen, ist das kein wirklicher Misserfolg, solange wir etwas daraus lernen und es noch mal versuchen.

Wenn ich heute vor einer schwierigen Entscheidung stehe, denke ich immer: *Was ist das Schlimmste, was passieren kann, wenn ich mich für diesen und nicht für den anderen Weg entscheide?* Anstatt mich zu fragen: „Was, wenn ich versage?", ist es besser, mir vorzustellen, wie das Leben sein wird, wenn ich es schaffe. Versagen ist keine Option.

So viele von uns leben ihr wahres Leben im Geheimen. Manchmal leben wir jene geheime Zukunft, die wir uns tief in unserem Inneren wünschen, nur in unseren Träumen aus.

Ich weiß noch, wie mir meine Mutter erzählte, dass der letzte Wunsch meiner Großmutter vor ihrem Tod war, in einem grellroten Kleid beerdigt zu werden. Meine Großmutter war eine kleine, sanftmütige, streng religiöse Frau. Wenn ich ihre Persönlichkeit mit einer Farbe assoziieren müsste, würde ich als Letztes an Rot denken. Für mich war sie pastellfarben und beige.

Als ich von ihrem letzten Wunsch erfuhr, fragte ich mich, welche geheimen Träume sie wohl hatte, die sie nie gelebt hatte oder die sie nie jemandem aus ihrem äußerst konservativen Kreis erzählt hatte. Es machte mich auch sehr traurig, darüber nachzudenken, was hätte sein können, wenn sie die Freiheit gehabt hätte, ihren eigenen Weg zu gehen, statt ein von ihren Eltern vorgezeichnetes Leben zu leben, wie es der damaligen Zeit entsprach. Wäre es nicht weitaus schöner gewesen, in einem grellroten Kleid gelebt zu haben, anstatt darin begraben zu werden?

Der erste Schritt ist immer der schwerste. Aber sobald dir klar wird, dass der Weg unter deinen Füßen nicht aus Treibsand besteht, werden deine Schritte schneller und sicherer, je weiter du voranschreitest.

Um die Angst zu überwinden, muss man in erster Linie verstehen, dass Angst ein Teil des Lebens ist. Problematisch wird es erst dann, wenn wir zulassen, dass unsere Ängste unser Leben bestimmen und uns daran hindern, unser volles Potenzial auszuschöpfen.

Eines der ersten und wichtigsten Dinge, die wir verstehen müssen, ist, dass es so etwas wie Versagen nicht gibt. Es mag ja sein, dass du es beim ersten Mal nicht schaffst, aber nur weil du das gewünschte Ergebnis nicht erreicht hast, ist das kein Grund, aufzugeben.

Wenn du dir die größten Genies und Erfinder der Geschichte anschaust, wirst du ein gewisses Muster erkennen. Keiner von ihnen hatte gleich beim ersten Versuch Erfolg. Im Gegenteil, einige der größten historischen Errungenschaften waren das Ergebnis von Zufällen, die sich aus der Suche nach Antworten ergaben.

Wie lange hätte die Menschheit auf das Penicillin gewartet, wenn Sir Alexander Fleming nicht so zerstreut gewesen wäre und sein Labor besser geputzt hätte? Marie Curie entdeckte das Radium, das die Medizin und so viele andere wissenschaftliche Bereiche revolutionierte, nachdem sie ein

Leben lang gegen den Strom geschwommen war, um ihre Träume zu verwirklichen.

Marie Curie wuchs in Polen zu einer Zeit auf, als es Frauen nicht erlaubt war, eine Universität zu besuchen, sodass sie und ihre Schwester heimlich an der Pariser Universität Sorbonne studierten und abwechselnd arbeiteten und Geld sparten, um sich gegenseitig das Studium und die Fahrt nach Frankreich zu finanzieren. Der frühe und bedauerliche Tod von Madame Curies Ehemann führte zu ihrer Arbeit mit radioaktiver Strahlung.

Curie wuchs in Armut auf und verlor schon früh ihre Mutter. Trotz aller Widrigkeiten bahnte sie sich dennoch stets ihren Weg – in jeder Phase ihres Lebens. Ihr Entdeckergeist schien dadurch noch mehr entfacht zu werden. Es gelang ihr sogar, ihre Trauer und ihre Wut über das tragischste Ereignis in ihrem Leben – den Tod ihres geliebten Ehemannes und Partners – in eine Energie umzuwandeln, die zu einer Innovation führte, die in Form des Röntgens noch heute in jeder Arztpraxis und in jedem Krankenhaus auf der ganzen Welt verwendet wird. Und das ist noch nicht alles: Mithilfe von radioaktiver Strahlung konnten wir sogar einige Erkenntnisse über unsere Vergangenheit gewinnen.

Obwohl wir nicht viel über Thomas Edisons Persönlichkeit wissen, lässt sich seine Bedeutung für die moderne Welt wohl kaum bestreiten. Es gibt drei Zitate von Mr. Edison, die ich so inspirierend finde, dass ich sie mir als Poster für mein Büro ausgedruckt habe.

„Nur weil etwas nicht tut, was es tun sollte, ist es nicht sofort nutzlos."

„Wenn wir alles täten, wozu wir imstande sind, würden wir uns wahrscheinlich in Erstaunen versetzen."

„Unsere größte Schwäche liegt im Aufgeben. Der sichere Weg zum Erfolg ist immer, es doch noch einmal zu versuchen."

Fällt dir ein gewisses Motto auf, das sich durch all diese inspirierenden Worte hindurchzieht? Hätte eine der genannten Personen frustriert aufgegeben, wäre unsere Welt finsterer – in mehrfacher Hinsicht.

Hält dich deine Denkweise zurück?

Warum scheinen manche Menschen gegen gesellschaftlichen Druck oder Gruppendruck immun zu sein und ein Leben ohne all diese Einschränkungen zu leben, die sich so viele von uns selbst auferlegen? Ticken sie einfach anders als der Rest von uns? Sind sie in einer außergewöhnlichen Umgebung aufgewachsen oder in einer unkonventionellen Familie von Freidenkern, die ihnen keine Limits gesetzt hat? Wie konnten sie sich in der Schule und bei außerschulischen Aktivitäten aufrecht halten, ohne all die Narben abzubekommen, die Mobbing, Gruppenzwang und soziale Ausgrenzung bei so vielen von uns hinterlassen?

Angst und Selbstzweifel sind die beiden Hauptzutaten für ein Leben als Versager. Der extravagante Typ in der Schule, den es nie kümmerte, was seine Klassenkameraden dachten, ist wahrscheinlich in einem Zuhause aufgewachsen, in dem Kreativität und Nonkonformismus eine Lebensweise waren. Die meisten kreativen Menschen, die ich im Laufe meines Lebens kennengelernt habe, kamen aus eher unkonventionellen Familien, die sich nie von der Meinung anderer aufhalten ließen. Für sie spielte Erfolg keine so große Rolle. Sie genossen das Leben nach ihren eigenen Vorstellungen, lachten über Missgeschicke und machten weiter.

Andere wiederum wurden durch frühzeitiges Elend angetrieben und nutzten dieses als treibende Kraft für Veränderungen. Sie machten auch deshalb weiter, weil sie andernfalls in ihrer Existenz bedroht gewesen wären.

Diesen beiden Menschentypen sind zwei Eigenschaften gemein: Die erste ist, dass die Meinung anderer sie nicht davon abhält, das zu tun, was sie tun müssen, um erfolgreich zu sein.

Im ersten Fall liegt das daran, dass sie gelernt haben, mit sich selbst glücklich zu sein, ohne sich anpassen zu müssen oder etwas beweisen zu müssen. Man denke an Schriftstellerfamilien wie die Brontës oder an moderne Innovatoren wie Elon Musk. Im zweiten Fall haben sie keine Zeit, sich anzupassen, weil sie zu sehr damit beschäftigt sind, ihren eigenen Weg zu finden. Man nehme als Beispiel Beethoven oder Steve Jobs, den Sohn syrischer Immigranten.

Die zweite Gemeinsamkeit ist, dass beide Typen selten sind.

Allerdings sind sie vielleicht nicht so selten, wie du denkst. Stellvertretend für jede Curie und jeden Musk gibt es wahrscheinlich Millionen von Menschen, die den Samen des Erfolgs in sich tragen, denen aber die innere Antriebskraft oder die Unterstützung von außen fehlt, um ihn zu erkennen und dafür zu sorgen, dass er Früchte trägt. Wir wurden vielleicht nicht so geboren, aber wir können diese Typen analysieren und das, was wir von ihnen lernen, in unser Leben integrieren, um unseren eigenen Weg zum Erfolg zu finden. Was genau das im Einzelnen bedeutet und wie es sich manifestiert, hängt ganz von dir ab. Zuerst musst du lernen, Erwartungen, Einschränkungen und Selbstzweifel zu überwinden.

Anstatt auf den Richtigen zu warten, werde die Richtige

Kurz nachdem ich meine Beziehung zu Michael beendet hatte, bekam ich die Gelegenheit, meiner Mutter mein Herz auszuschütten. Anlass war einer ihrer Solo-Besuche bei mir in meinem selbst auferlegten Exil im Motel, kurz vor meinem Umzug nach Radolfzell.

Sie erzählte mir ein Geheimnis, das mich so überraschte, dass ich es kaum glauben konnte. Meine Mutter hätte es vielleicht mit ins Grab genommen, wenn sie nicht gedacht hätte, dass es mir helfen würde, mit meiner Entscheidung Frieden zu schließen.

„Es ist gut, dass du den Ernst der Lage erkannt hast und die Flucht ergriffen hast. Ich bin stolz auf dich", meinte sie zu mir mit leicht geneigtem Kopf und einem Taschentuch in der Hand. „Ich wusste, dass er nicht gut für dich war, aber ich kenne dich gut genug, um zu wissen, dass du nicht auf mich gehört hättest, wenn ich dir das gesagt hätte. Es gibt eben Dinge, von denen wir uns selbst überzeugen müssen."

„Aber was, wenn ich nie wieder jemanden finde, den ich liebe und der mich so liebt, wie ich bin? Werde ich dann für immer ein trauriges kleines Mädchen sein, das niemand lieben kann?"

„Na und?", antwortete sie unbeeindruckt. „Du bist alles andere als unsympathisch. Du liebst dich selbst nur nicht genug, um zu begreifen, dass es dir gut geht und dass es dir auch weiterhin gut gehen wird, ob allein oder mit einem Partner. Der richtige Mann wird dich eines Tages finden, und du wirst ihn sofort erkennen, wenn du ihn triffst. Glaube mir, selbst wenn du dir das im Moment nicht vorstellen kannst."

„Du hast leicht reden", erwiderte ich. „Du hast ja Papa."

„Aber fast hätte ich ihn nicht gefunden. Zwei Jahre bevor ich deinen Vater traf, war ich verlobt und kurz davor, einen anderen zu heiraten."

Diese Aussage schockierte mich. Ich konnte mir meine Mutter mit niemand anderem als mit meinem Vater vorstellen. Meine Eltern waren schon immer die Verkörperung des idealen Traumpaares gewesen. Selbst nach fast 30 Jahren Ehe waren sie immer noch voneinander entzückt. Und sie waren beste Freunde. Wenn ich an die Liebe dachte, sah ich immer nur ihre Gesichter vor meinen Augen.

„Ich sehe schon, du bist schockiert", lachte sie und sah mich mit funkelnden Augen an. „So sieht's aus. Deine alte Mutti hat ein dunkles Geheimnis aus der Vergangenheit."

Wir lachten beide, dann fuhr sie fort:

„Ich wuchs in einer Zeit auf, in der von Frauen erwartet wurde, dass sie Karriere machten, aber auch einen netten Ehemann fanden. Ich lernte einen Mann kennen – er war etwas älter als ich –, der recht nett war und nach unserer Ausbildung gute Zukunftsperspektiven haben würde. Aber trotz alledem fand ich ihn anfangs nicht wirklich attraktiv. Dennoch erklärte ich mich irgendwann bereit, mit ihm auszugehen. Ich hatte gemischte Gefühle. Ich sah nicht wirklich einen Seelenverwandten in ihm. Ich war mir gar nicht sicher, ob so etwas überhaupt existierte, bis ich deinen Vater traf. Aber ich war pragmatisch genug, um zu wissen, dass es bei der Liebe nicht nur um Schmetterlinge geht.

Manchmal, so wurde mir beigebracht, musst du dich einfach mit jemandem zufriedengeben, der nett zu dir ist und dir und deiner zukünftigen Familie ein gutes Leben bieten kann. Die Liebe würde dann schon irgendwann kommen."

„Er war total verliebt und fing schon kurz nach unserem ersten Date an, über die Ehe zu sprechen. Auf sein Drängen, auf das Drängen meiner Eltern und seiner Familie verlobten wir uns nach einem Jahr."

„Das hätte eigentlich die glücklichste Zeit meines Lebens sein sollen, aber ich freute mich nur äußerlich. Je näher mein Hochzeitstag rückte, desto mieser fühlte sich das Ganze an. Aber ich dachte, es wäre zu spät. Die Einladungen waren bereits verschickt und die Anzahlungen an die Floristen und den Bäcker schon überwiesen. Mein Kleid war fertig und bezahlt. Meine Eltern hatten bereits eine Menge Geld ausgegeben. Alle waren glücklich, alle außer mir."

Ich sah meine Mutter mit weit aufgerissenen Augen an und bat sie, weiterzuerzählen. Ich musste unbedingt erfahren, wie es ihr gelungen war, da wieder rauszukommen.

„Und, was hast du getan?", fragte ich. „War es wie im Film? War Papa einer der Lieferanten, mit dem du durchgebrannt bist?"

„Nein", antwortete sie lächelnd. „So dramatisch war es nicht. Ein paar Tage vor der Hochzeit wachte ich mitten in der Nacht mit einer Panikattacke auf. Ich hatte wohl einen schlechten Traum oder so etwas. Ich weiß es nicht mehr genau, aber ich setzte mich aufs Bett und schrie los. Meine Eltern stürmten herein, um nach mir zu schauen. Als ich ihre Gesichter sah, brach ich zusammen und fing an, hysterisch zu weinen. Ich sagte ihnen, dass ich es nicht durchziehen kann."

„Mein Vater fegte es einfach als Frauensache vom Tisch und ging zurück ins Bett. Meine Mutter blieb bei mir und wir redeten die ganze Nacht. Am Morgen stand meine Entscheidung fest, und mit ihrer Unterstützung löste ich meine Verlobung auf. Das war eines der schwierigsten Dinge, die ich je getan habe. Alle außer meiner Mutter waren wütend auf mich oder versuchten, meine Entscheidung herunterzuspielen. Sie dachten, ich wäre bloß eine nervöse Braut und würde mich nach der Hochzeit wieder abregen. Aber ich blieb fest in meinem Entschluss. Ein Jahr später lernte ich deinen Vater kennen und habe es nicht einen Tag bereut."

Ich umarmte meine Mutter fest, beeindruckt von ihrem Mut und mit der Hoffnung, dass ich zumindest einen Teil ihrer Gene geerbt hätte. Da beschloss ich, nie mehr zurückzublicken.

Viel zu oft suchen wir bei anderen nach Glück und Selbstverwirklichung. Wir glauben, wenn wir nur den richtigen Partner und den richtigen Job finden oder genügend materielle Dinge ansammeln, werden wir endlich glücklich und zufrieden sein.

Ich weiß nur eins: Wenn du dein Glück immer irgendwo anders suchst, wirst du für den Rest deines Lebens auf der Suche danach sein.

Im Leben sollte es nicht darum gehen, „den Richtigen" zu finden, sei es nun ein Partner oder ein Job. Ich bin fest davon überzeugt, dass du, wenn du zuallererst dich selbst findest und liebst, deine eigenen Ziele und Interessen verfolgst und zuversichtlich nach vorn schaust, die richtigen

Menschen und Umstände in dein Leben (an-)ziehen wirst, weil du authentisch bist.

Was für eine Denkweise brauchen wir als Frauen, um unabhängig von dem Lebensweg, den wir gewählt haben, glücklich und zufrieden zu sein? Für die meisten von uns liegt der Schlüssel zur Selbstverwirklichung in der Überwindung jeglicher Erwartungen, die andere an dich stellen, sowie in der Transformation in die Frau, die du schon immer werden solltest. Alles andere wird nur andere Menschen glücklich machen.

Wie kannst du die Angst überwinden?

Stelle dir folgende Fragen:

– Was hält dich davon ab, deine Träume zu verwirklichen? Geld, Perspektivlosigkeit oder deine eigene Angst?

– Wenn du festgestellt hast, was dich aufhält, siehst du irgendeine Möglichkeit, diese Hindernisse zu überwinden?

– Gab es ähnliche, aber nicht ganz so wichtige Entscheidungen, die dich in der Vergangenheit aufgehalten haben? Wie konntest du sie bewältigen? Könnte diese Lösung dir in deiner jetzigen Situation helfen?

Ich habe gelernt, mit meinen Ängsten umzugehen, indem ich mir das schlimmste und das beste Szenario vorstelle. Wenn das Schlimmste, was ich mir vorstellen kann, weder meinen eigenen Tod noch den Tod eines anderen Menschen bedeutet, dann ist es gar nicht so schlimm. Als Nächstes denke ich über die Vor- und Nachteile nach, die die Zukunft mit sich bringt. Dann überlege ich mir, wie ich die Nachteile auf ein Minimum reduzieren kann.

Diese Phase darf jedoch nicht zu lange dauern. Ein besonders fruchtbarer Boden für Ängste und Zweifel ist der

Verstand eines Menschen, der sich zu viele Gedanken macht und zu viel analysiert. Es ist wichtig, sich alles genau zu überlegen und zu planen. Aber Ergebnisse sieht nur, wer handelt. Sei tapfer, sei entschlossen, aber sei flexibel genug, um bei Bedarf umzubiegen.

Wenn du dich von deiner Zielsetzung überfordert fühlst, fange klein an. Teile jedes Ziel in kleinere Teilziele auf. Wenn du dieses Teilziel erreicht hast und von deiner Liste streichst, bist du deinem größeren Ziel nicht nur einen Schritt näher gekommen, sondern du hast auch spürbare Fortschritte erzielt. Das wird dich motivieren, weiter vorwärtszugehen.

Eines solltest du dabei nicht außer Acht lassen: Wenn etwas einmal nicht klappt, dann ist das nicht das Ende der Welt! Dann wirst du es morgen eben noch einmal versuchen. Das bedeutet natürlich nicht, dass dein Leben ein totales Chaos sein sollte. Furchtlosigkeit und Rücksichtslosigkeit sind zwei völlig verschiedene Dinge. Strebe nach einem „geregelten Chaos", in dem du deine Ziele Schritt für Schritt erreichen kannst.

Jeder meint zu wissen, was das Beste für dich sei, aber niemand *lebt* dein Leben. Die Leute können zwar sagen: „Heirate diesen Typen" oder „Nimm diesen Job an", aber sie werden nicht mit diesem Jemand zusammenleben oder jeden Tag an deinem Schreibtisch sitzen und das Bedauern oder die Unzufriedenheit spüren, in der du schmorst. Am klügsten ist es, sich die Meinungen anderer anzuhören und gleichzeitig den Mut zu haben, sich bei großen Lebensentscheidungen auf seinen eigenen Instinkt zu verlassen.

Bist du auf dem richtigen Weg? Was musst du tun, um ihn zu finden?

PROGRAMMIERE DEINEN VERSTAND AUF ERFOLG

Ich muss ein Geständnis ablegen. Ich war nicht immer so organisiert und strukturiert, wie es jetzt den Anschein hat. Als ich ein kleines Mädchen war, suchte ich jeden Morgen zuerst nach meinen Schulbüchern, Heften und fehlenden Socken. Meine Mutter war frustriert über die Hektik, die dadurch jeden Tag vor der Schule entstand, und brachte mir ein paar Tricks bei. Allerdings sorgte sie dafür, dass ich sowohl die Verantwortung als auch die Konsequenzen dafür trug, ob ich vorbereitet war oder nicht.

Einer ihrer „Tricks", die sie mir vorschlug, war, mir bereits am Vorabend mein Outfit für die Schule zusammenzustellen, einschließlich der Socken, Schuhe und Haargummis. Zweitens sollte ich alles, was ich an dem Tag brauchen würde, in meinen Rucksack packen und auf den kleinen Stuhl neben meinem Bett stellen, auf dem meine Schulkleidung lag.

Es dauerte eine Weile, bis mir dieses Vorgehen zur Gewohnheit wurde, aber ich erinnere mich daran, dass die Abende, an denen ich das tat, zu ruhigeren Morgen für die ganze Familie führten. An diesen Tagen musste ich mich fast nie beeilen. Ich genoss mein Frühstück in aller Ruhe, anstatt durchs Haus zu rennen und meine Sachen zusammenzupacken, und in der Schule fühlte ich mich gelassener und besser vorbereitet.

Bereits im zweiten Halbjahr jenes Schuljahres wurde diese neue Gewohnheit vor dem Schlafengehen, für die ich nur ein paar Minuten brauchte, ein fester Bestandteil meines Alltags für den Rest meiner Kindheit bis hinein ins Erwachsenenalter.

Mit anderen Worten, ich konnte meinen Verstand auf Erfolg umprogrammieren, zumindest in dieser konkreten Situation, indem ich mir eine einfache Gewohnheit aneignete.

Obwohl mein Zeitplan jetzt etwas flexibler ist als damals, als ich noch im Büro arbeitete, bereite ich abends vor dem Schlafengehen immer noch alles vor, was ich für den nächsten Tag brauche. Ich habe bemerkt, dass ich dadurch wesentlich entspannter bin und besser einschlafen kann, da mich nicht so viele Gedanken wach halten.

Welche Gewohnheiten halten dich davon ab, das Leben deiner Träume zu leben? Kommst du immer zu spät und startest dann zerstreut und unkonzentriert in deinen Tag? Träumst du von einem bestimmten Beruf, hast aber nicht den Mut, das Risiko einzugehen?

Dein Problem kann mangelnde Organisationsfähigkeit, mangelnde Strukturiertheit oder Angst sein. Was auch immer dich zurückhält, kann überwunden werden, indem du deinen Verstand umprogrammierst und alte Gewohnheiten durch eine produktive Denkweise ersetzt. Zwei der drei oben genannten Beispiele lassen sich leicht lösen, indem man sich bessere Gewohnheiten antrainiert und sie konsequent in den Alltag integriert. Zur Überwindung von Angst bedarf es einer tiefgreifenderen Selbstanalyse und Veränderung.

Genau genommen ist angstbasiertes Denken die Hauptursache für die meisten persönlichen und beruflichen Rückschläge oder schlechten Gewohnheiten. Wenn du dich selbst etwas genauer unter die Lupe nimmst, wirst du wahrscheinlich feststellen, dass die Angst das größte Hindernis ist, das du überwinden musst, wenn du in deinem Leben vorankommen willst.

Die Angst hält dich nicht nur davon ab, Risiken im Leben einzugehen, sondern sie wirkt sich auch negativ auf deinen psychischen Zustand und deine körperliche Gesundheit aus und kann bleibende Schäden hinterlassen.

Wie sich Angst auf das Gehirn auswirkt

Die meisten unserer biologischen Funktionen erfolgen automatisch. Zum Beispiel musst du dich nicht auf das Atmen konzentrieren, dein Abendessen wird verdaut, ohne dass du dir Gedanken darüber machst, etc.

Genauso ist es mit der Angst. Selbst wenn du dir einen Horrorfilm anschaust, hältst du dir während der blutigen Szenen die Augen zu und erzitterst, wenn der Mörder aus dem Schrank herausspringt, obwohl du weißt, dass es nur ein Film ist. Dabei handelt es sich um eine natürliche Reaktion, die in deinem Gehirn ausgelöst wird, um dich zu schützen.

Dein Nervensystem ist so konstruiert, dass jedes Mal, wenn dein Gehirn eine Gefahr registriert, Blut von einigen Bereichen abgeleitet und zu anderen Bereichen umgeleitet wird, die höhere Priorität haben. Wenn du Angst hast, wird Blut aus dem Teil deines Gehirns, der für rationales Denken zuständig ist, zu den Teilen umgeleitet, welche die basalen und organischen Prozesse steuern.

Die Botschaft, die an deinen Körper gesendet wird, wenn du Angst hast oder in Gefahr bist, dient einzig und allein dem sofortigen Selbstschutz. Deine Muskeln verkrampfen, dein Herz pocht und deine Hände schwitzen. Grund dafür ist der plötzliche Anstieg des Hormons Adrenalin, das dein Gehirn überflutet. Dein Appetit wird ebenfalls reduziert, weil Blut aus deinem Verdauungssystem abgeleitet wird.

Das alles gehört zur Kampf-oder-Flucht-Reaktion. Dein Muskelgewebe schwillt leicht an, während dein Körper Blut von den äußeren Teilen in deine Muskeln umleitet, um dir die Kraft und Ausdauer zu verleihen, die du brauchst, um wegzulaufen oder um dein Leben zu kämpfen. Rationalität und Logik spielen dabei kaum eine Rolle.

Was du erlebst, ist dieselbe angeborene biologische und physiologische Reaktion, die einst unsere Vorfahren vor externen Gefahren schützte, denen sie tagtäglich ausgesetzt waren. Die meisten von uns sind dieser Art von Risiko im Alltagsleben nicht länger ausgesetzt, es sei denn, man lebt in einem Kriegsgebiet. Die biologische Reaktion bleibt jedoch bestehen, da das Gehirn nicht in der Lage ist, „körperliche Gefahr" von „seelischer Gefahr" zu unterscheiden.

So wird auch in unserem modernen Zeitalter in unserem Verstand und in unserem Körper die gleiche Kettenreaktion ausgelöst, die wir bei der Flucht vor einem Säbelzahntiger oder vor einem feindlichen Stamm erleben würden, beispielsweise wenn wir ein Vorstellungsgespräch haben, wenn wir einen wichtigen Termin verpasst haben oder – ultramodern – bei FOMO (Fear of missing out, dt.: die Angst, etwas zu verpassen).

Da dein Körper nicht wirklich in Gefahr ist, wirst du nervös. In gewisser Weise ist das gut. Wenn du einen Auftrag nicht pünktlich erledigst oder jeden Tag zu spät zur Arbeit kommst, wird dich das zwar nicht umbringen, aber es könnte dich deinen Job kosten. Ganz egal, woher die Angst oder die Beklemmung kommt, dein Körper signalisiert dir: „Achtung, Gefahr!!"

Dabei handelt es sich meistens um einen vorübergehenden Zustand. Wenn dein Gehirn erkennt, dass du dich nicht wirklich in Gefahr befindest, schaltet der Parasympathikus den Adrenalinfluss ab und sorgt dafür, dass sich deine Herzfrequenz wieder normalisiert.

Entwickelt sich dieser Zustand jedoch zu einem Dauerzustand, wird dies in einem Gefühl der Beklemmung und in Panikattacken resultieren. Du fängst an, dein Leben in einer Art Überlebensmodus zu leben, in dem du das Gefühl hast, paralysiert oder psychisch gefesselt zu sein, oder aber du lebst in einer Art permanenter Angst, die dich daran hindert, vernünftige Entscheidungen zu treffen, weil der Teil deines Gehirns, der für logisches Denken zuständig ist, zugunsten des emotionalen, instinktiven Teils praktisch abgeschaltet ist.

1. Angst beeinträchtigt die Fähigkeit deines Gehirns, Informationen zu verarbeiten. Wenn du dich in einer Endlosschleife von Stresssituationen und angstbasiertem Denken befindest, wirkt sich das negativ auf die normale Funktionsfähigkeit deines Gehirns aus. Wenn etwas passiert, was Angst oder Furcht hervorruft, wird das Problem normaler-

weise gelöst und das Gehirn wendet sich wichtigeren Dingen zu. Dann läuft alles wieder normal.

Ständige Angst verhindert diese Rückkehr zur Normalität und beeinträchtigt deine Fähigkeit, logisch zu reagieren, nonverbale Hinweise zu erkennen und zu interpretieren und vernünftige Entscheidungen zu treffen. Dies wiederum beeinträchtigt deine Fähigkeit, einer konkreten Situation entsprechend zu handeln. Ähnlich wie bei Drogenabhängigkeit bleiben diese Veränderungen in deinem Gehirn so lange bestehen, bis die zugrunde liegenden Ursachen der Dysfunktion behoben werden.

2. Angst schadet deiner Gesundheit. Es ist allgemein bekannt, dass, wenn dein Gehirn nicht mehr richtig funktioniert, diese Funktionsstörung auch deine körperliche Gesundheit beeinträchtigt. Die Liste der gesundheitlichen Folgen von Dauerstress und ständiger Anspannung reicht von Ekzemen und Urtikaria bis hin zu Herzkrankheiten und Krebs. Grund dafür ist ein geschwächtes Immunsystem, und das kann zu chronischen Krankheiten und vorzeitiger Alterung führen.

Ist dir jemals aufgefallen, wie viel älter du aussiehst und dich fühlst, wenn du besorgt bist?

3. Angst beeinträchtigt dein Gedächtnis. Permanente Angst wirkt sich negativ auf dein Langzeitgedächtnis aus und schädigt bestimmte Teile deines Gehirns. Wenn du in einem Zustand ständiger Angst und Furcht lebst, ist die Gefahr das Einzige, was dein Körper und dein Gehirn in Erinnerung behalten. Dies führt dazu, dass du nicht in der Lage bist, rational auf bestimmte Situationen zu reagieren und vernünftige Entscheidungen zu treffen. Die ganze Welt kommt dir unheimlich vor, und deine Erinnerungen

an die Traumata und Rückschläge der Vergangenheit bestätigen deine Angst.

4. Angst schadet deiner psychischen Gesundheit und deinem emotionalen Wohlbefinden. Es besteht kein Zweifel daran, dass Besorgnis oder angstbasiertes Denken dein Wohlbefinden beeinträchtigt. Ständige Angst führt dazu, dass du dich permanent ausgelaugt und müde fühlst. Du hast einfach keine Kraft mehr, um weiterzumachen. Im schlimmsten Fall kann angstbasiertes Denken zu Depressionen, Angststörungen und PTBS führen.

Computer imitieren das menschliche Gehirn und die Art und Weise, wie dieses Informationen verarbeitet und an den Rest deines Körpers weiterleitet. Durch die Eingabe von Informationen in einen Computer werden interne Protokolle zur Verarbeitung dieser Informationen aktiviert. Diese internen Instruktionen sagen dem Computer, wie er vorgehen soll. Wenn du Schmerzen hast, signalisiert dein Körper anderen Körperteilen, wie sie darauf reagieren sollen.

Wenn dein Computer zu langsam ist oder Informationen nicht korrekt verarbeitet, kannst du ihn für gewöhnlich zurücksetzen oder neu programmieren, um seine Leistung zu optimieren. Dasselbe gilt für deinen Verstand.

Ein Reset für deinen Verstand

„Achte auf deine Gedanken, denn sie werden zu Worten; achte auf deine Worte, denn sie werden zu Taten; achte auf deine Taten, denn sie werden zu Gewohnheiten; achte auf deine Gewohnheiten, denn sie werden zu deinem Charakter; achte auf deinen Charakter, denn er wird dein Schicksal."

– Lao Tzu –

Veränderung mag zwar schwierig sein, aber sie ist nicht unmöglich. Langjährige Studien der konventionellen Psychologie und Produktivität zeigen, dass es etwa 30 Tage dauert, bis eine neue Denk- oder Verhaltensweise zur Gewohnheit wird.

Ich brauche dir wohl kaum zu sagen, dass ein starrer Zeitplan bei der Aneignung neuer Gewohnheiten nicht förderlich ist. Denn wenn du die erwarteten Ergebnisse innerhalb eines selbst vorgegebenen Zeitrahmens nicht erreichst (was die meisten Menschen nicht schaffen), wird deine ohnehin schon negative Denkweise nun noch dadurch verstärkt, dass du dich nun als Versager fühlst und dich als inkompetent verurteilst.

In der Zeit nach dem sexuellen Übergriff und bis kurz nach Beginn der Therapie legte ich 15 Kilo zu. Das fiel mir damals gar nicht auf, weil sich die zusätzlichen Kilos im Laufe der Zeit nach und nach ansammelten. Eines Tages schaute ich bei einem Arztbesuch auf die Waage und hätte fast laut geschrien.

Beim Abnehmen rechnete ich jedoch mit schnellen Ergebnissen. Als sie dann *nicht* kamen, dachte ich, ich hätte etwas falsch gemacht, es fehle mir an Willenskraft oder an Motivation. Fast wäre ich in einen Geisteszustand abgedriftet, in den so viele von uns abdriften, wenn wir unsere Erwartungen nicht erfüllt sehen. Wir werden apathisch und denken, wir seien vielleicht dazu bestimmt, so oder so zu sein. Warum also sich abstrampeln und dagegen ankämpfen?

Damals berücksichtigte ich nicht, dass die Kilos schließlich auch nicht über Nacht aufgetaucht waren. Klar, es gibt

Tricks und Trends, die schnelles Abnehmen versprechen. Wenn sie jedoch überhaupt funktionieren, sind die Ergebnisse meist nur vorübergehend. Jede Frau, die schon mal eine Jo-Jo-Diät gemacht hat, wird dir sagen, dass dies ein endloser Teufelskreis aus Abnehmen/Zunehmen und Freude/Enttäuschung ist.

Es gibt keine schnellen Lösungen. Je komplexer ein Problem ist, desto mehr Zeit und Mühe braucht es, um es zu lösen. Deshalb musst du dich unbedingt in Geduld und Fleiß üben, wenn du bei irgendetwas dauerhafte Ergebnisse erzielen willst.

Laut Studien dauert es etwas mehr als 2 Monate, um eine schlechte Gewohnheit durch eine gute zu ersetzen, wie zum Beispiel jeden Tag ein gesundes Mittagessen zu dir zu nehmen, anstatt am Schreibtisch zu naschen. Während dieser Zeitspanne spielen Engagement und Konsequenz eine entscheidende Rolle. Viele glauben, aus der Spur geraten zu sein, wenn sie mal ein oder zwei Tage versäumt haben, so zu leben, wie sie es sich vorgenommen haben, und interpretieren das dann so, dass sie „versagt" hätten, und tendieren dann dazu, alles hinzuschmeißen.

Wie viele von uns fangen enthusiastisch mit einer neuen Routine oder einem neuen Projekt an und hören dann schon nach ein paar Tagen oder Wochen wieder damit auf? Eine solche neue Gewohnheit kann alles Mögliche sein, von einer vernünftigen Ernährung über eine neue Hautpflege bis hin zum Erlernen einer neuen Fähigkeit.

Die anfängliche Euphorie lässt nach einigen Wochen – in manchen Fällen sogar nur Tagen – nach und erlischt dann vollkommen, wenn der Enthusiasmus verflogen ist oder das regelmäßige Üben zu schwierig und zeitaufwendig wird. Die Tatsache, dass es keine sofortigen, spürbaren Ergebnisse gibt, ist dann ein weiterer Enthusiasmus-Killer.

Und so halten wir uns immer weniger an unsere neue Routine, bis wir sie schließlich gänzlich sein lassen und wieder in unsere ungesunden oder negativen Verhaltensmuster abdriften. Das führt oft zu Schuld- oder Schamgefühlen, die verinnerlicht werden und noch negativere Gedanken und Verhaltensweisen zur Folge haben.

Meine Frage an dich lautet: Wie sehr willst du dein Leben verändern?

Es kommt oft auf die Priorität an, die du deinem Anliegen einräumst. Wenn der öde Job, dem du tagtäglich nachgehst, oder die paar Extrapfunde, die du auf den Hüften hast, für dich okay sind, dann bleib auf dem von dir gewählten Weg und lerne, mit deiner Entscheidung zu leben. Da du aber dieses Buch liest, ist das wohl nicht der Fall.

Offenbar sehnst du dich nach Veränderung. Nur fühlst du dich derart eingeklemmt oder desorientiert, dass du nicht weißt, wo oder wie du anfangen sollst.

Es gibt 4 Möglichkeiten, wie du deinen Verstand auf Erfolg programmieren kannst. Diese Strategien wurden von Neurowissenschaftlern entwickelt und werden von Psychologen zur wirksamen Behandlung von psychischen Störungen eingesetzt. Im konkreten Fall geht es um OCD (engl. obsessive-compulsive disorder). Dies ist eine Zwangsstörung, bei welcher der oder die Betroffene permanent den inneren Zwang oder Drang verspürt, immer wieder bestimmte Dinge zu denken oder zu tun.

1. Identifiziere das Problem. Jedes Mal, wenn dir ein störender Gedanke durch den Kopf geht, musst du erkennen, was dahintersteckt: falsche Informationen. Wenn dein

Verstand zum Beispiel in einer bestimmten Situation automatisch an das schlimmstmögliche Szenario denkt, dann tritt einen Schritt zurück und überlege dir, ob dieses Denkmuster auf Angst oder auf der Realität basiert.

Das erfordert eine gewisse mentale Disziplin und Übung. Sobald du dich aber an diese Art der Selbstanalyse gewöhnt hast, zwingst du dein Gehirn dazu, Blut von dem Teil, der für eine rein primäre, emotionale Reaktion zuständig ist, in die logische, frontale Region (präfrontale Cortex) deines Gehirns umzuleiten.

Ich habe mir selbst beigebracht, mich von meinen Emotionen zu befreien, indem ich sie in dem jeweiligen Moment einfach zulasse und (an-)erkenne. Wenn ich mich überfordert fühle oder wenn ich Angst bekomme, schreibe ich alles auf, was ich in diesem Moment empfinde.

Wenn ich zum Beispiel wegen irgendetwas wütend bin, schreibe ich auf ein Blatt Papier „Im Moment fühle ich mich ..." und notiere dann jede Emotion, die mit meinem gegenwärtigen Wutanfall verbunden ist.

Zudem analysiere ich, wie sich jede dieser Emotionen auf meinen Körper auswirkt. Im obigen Beispiel analysiere ich, was die Wut mit meinem Körper macht. Ich merke, dass ich meinen Kiefer zusammenbeiße, meine Bauchmuskeln sich anspannen und dass meine gesamte Körperhaltung angespannter ist. Meine Wirbelsäule versteift sich und ich beuge mich leicht nach vorn, als ob ich kurz davor wäre zuzuschlagen.

Das hindert mich aber nicht daran, eine ganze Reihe von Emotionen zu empfinden oder zu erleben. Indem ich mir bewusst werde, wie ich mich fühle und wie mein Körper auf diese Gefühle reagiert, kann ich tief durchatmen und meinen Kiefer und meinen Körper entspannen, ohne meine Wut oder Traurigkeit auszublenden. Das funktioniert übrigens auch mit positiven Emotionen. Mit dieser Bewusstseinsmethode kannst du deinen Körper trainieren, generell besser auf Gefühle zu reagieren, egal in welcher Stimmung du bist.

Dazu braucht es etwas Übung, aber die Ergebnisse sind die Mühe wert.

2. Finde den Ausgangspunkt deiner Gedanken. Sobald du deine Gedanken identifiziert hast, musst du lernen, sie zurückzuverfolgen. Woher kommt die negative Emotion? Sind deine Gedanken und Gefühle eine Antwort auf ein aktuelles Geschehen oder eine programmierte Reaktion auf ein vergangenes Ereignis?

Sobald du in der Lage bist, dich von den Gedanken oder Gefühlen zu lösen und sie zu relativieren, wirst du sie leichter loslassen oder mit dem, was derzeit geschieht, besser umgehen können.

3. Richte deinen Fokus neu aus. Das dürfte wohl der schwierigste Schritt sein, aber er ist der eigentliche Teil der Umprogrammierung deines Gehirns. Eine Möglichkeit, mit meinen Emotionen umzugehen, ist, sie aufzuschreiben und zu erkennen, wie sie sich in meinem Körper manifestieren. Dadurch kann ich die Existenz dieser Gefühle anerkennen, ohne mich von ihnen beherrschen zu lassen.

Als Nächstes musst du nun lernen, deinen Fokus auf positivere und produktivere Gedanken zu richten. Da fällt mir ein altes Sprichwort ein: *„Stell den Miesepeter auf den Kopf."* Das klingt zwar fast zu einfach, aber ein Lächeln funktioniert tatsächlich, ob dir danach ist oder nicht. Diese winzige körperliche Veränderung wirkt sich auf verschiedene Gesichtsmuskeln aus und löst eine gegenteilige Reaktion in deinem Gehirn aus. Übe ein Lächeln oder das Lachen im Spiegel und achte auf die subtilen Veränderungen in deinem Gesichtsausdruck, in deiner Körperhaltung und in deiner Denkweise.

Wenn du dich in einem negativen Geisteszustand befindest, schalte mental und körperlich auf etwas um, das dich ablenkt. Bei mir ist das zum Beispiel körperliche Aktivität. Ein kurzes Work-out oder ein Spaziergang im Park hält mich davon ab, in Negativität zu verharren. Durch körperliche Bewegung setzt dein Gehirn überdies Wohlfühlchemikalien frei, die für gute Laune sorgen und deine Stimmung stabilisieren. Damals, als ich unter Panikattacken litt, gelang es mir mittels des Computerspiels „Solitär" rasch, auf andere Gedanken zu kommen. Das Spiel ist zwar nicht besonders anspruchsvoll, aber es half mir, mich abzulenken, bis ich mich wieder beruhigt hatte.

Wenn du kein Fan von Fitness oder Jogging bist, ist das nicht weiter schlimm. Jede Form von positiver Ablenkung, die dich von negativen Denkmustern wegbringt hin zu produktiven Gedanken, ermöglicht es dir, alte Denkmuster und Verhaltensweisen durch neue zu ersetzen. Male, zeichne, singe, schreibe Gedichte oder tue, was auch immer du tun musst, um dich von deinen negativen Gedanken abzulenken. Achte nur darauf, konsequent zu bleiben. Mit etwas Übung wird dir das irgendwann in Fleisch und Blut übergehen.

4. Kategorisiere deine Gedanken und Gefühle. Wenn du negative Gedanken und Gefühle immer wieder in den Vordergrund rückst, gerät nicht nur dein Gehirn aus dem Gleichgewicht – dein ganzes Leben gerät aus dem Gleichgewicht. Lerne, diese Gedanken und Emotionen korrekt

einzustufen und ihnen nur so viel Aufmerksamkeit zu schenken, wie nötig ist.

Wenn du die anderen drei Strategien regelmäßig praktizierst, erkennst du, was sich hinter den negativen Gedankenmustern wirklich verbirgt: bloße Ablenkungen, die weder deine Zeit noch deine Aufmerksamkeit wert sind.

Du musst dich nicht über Nacht verändern. Das würde jeden von uns überfordern.

Doch selbst kleine Schritte zur Überwindung von Angst und Unsicherheit führen zu einem erfolgreicheren und besseren Leben. Denke daran, deine Gedanken werden zu deinen Taten, die sich wiederum zu deinen Gewohnheiten entwickeln. Wenn du dich von Angst und Negativität beherrschen lässt, manifestiert sich das in Form von Depressionen, Angststörungen und Apathie. Du wirst das Gefühl haben, in dir selbst gefangen zu sein und dich nicht frei durch die Welt bewegen zu können.

Sobald dein Geist frei von Angst und Negativität ist, wird dir klar werden, dass es im Leben keine Grenzen gibt, sondern unendlich viele Möglichkeiten. Wenn du also diese psychischen Barrieren aus dem Weg räumst, wirst du von Leidenschaft, Selbstvertrauen und Zielstrebigkeit erfüllt sein. Dadurch werden sich dir neue Perspektiven und Möglichkeiten eröffnen.

Wie erlösend würde es sich anfühlen, endlich deine Ziele verfolgen zu können und deine innersten Sehnsüchte zu realisieren?

Das Universum unterscheidet nicht zwischen „gut" und „schlecht" oder zwischen „positiv" und „negativ". Es funktioniert auf einer Frequenz von Energien wie ein Magnet, der das anzieht, was du in ihn hineinsteckst. Was du in das Universum projizierst, kommt auch wieder zurück.

Wenn du dir ständig Sorgen machst, in Angst lebst und Mangel oder Not projizierst, wirst du für immer in einem Teufelskreis aus Knappheit, Angst und Verlangen gefangen sein. Wenn du aber jeden Tag mit einem Gefühl von Fülle, positivem Denken und Dankbarkeit startest, wirst du im Gegenzug mehr von diesen Energien erhalten.

Veränderung ist der Kernaspekt jedes noch so kleinen Fortschritts und jeder Erfolgsgeschichte. Die Grundlage für Veränderung sind Entschlossenheit und Beharrlichkeit.

Ganz egal, wie groß oder klein das Problem ist, um deiner persönlichen oder beruflichen Laufbahn eine neue Richtung zu geben: Du musst zuallererst deine Denkweise ändern und diese auf Erfolg programmieren.

Bedeutet so ein Reset für deinen Verstand, dass dein Leben perfekt und absolut sorgenfrei sein wird? Natürlich nicht. Wenn du aber aufhörst, dich in dich selbst zu verkriechen oder zu versuchen, die Welt um dich herum zu verändern, und stattdessen deine eigene Denkweise änderst, wirst du merken, wie sich viele deiner Probleme von selbst lösen werden. Dann wirst du in der Lage sein, dich auf deine Ziele und Fortschritte zu konzentrieren und die Dinge zu verändern, die du auch wirklich verändern kannst.

Eine der größten Barrieren, die uns daran hindert, unser Leben nach unseren eigenen Vorstellungen zu leben, ist die Angst davor, gegen den Strom zu schwimmen und einen Weg einzuschlagen, der das genaue Gegenteil von dem ist, was wir laut unserer Familie, unserer Kultur oder unserer Gesellschaft sein oder tun sollten.

Du musst diese Barrieren aus dem Weg räumen und wieder zu dem furchtlosen jungen Mädchen werden, das du einst warst, bevor du zu dem Wunschbild deiner Eltern und Lehrer geformt wurdest.

Bist du bereit? Atme tief durch und starte durch.

TESTE DEINE GRENZEN

Kurz nach meiner Ankunft in Radolfzell beschlossen meine Cousine Brigitte, ihre Schwester, ein paar Freundinnen und ich, uns wieder einen dieser Mädelsabende zu gönnen, bei denen wir uns als Teenager immer bis spät in die Nacht so toll amüsiert hatten. Dabei ging es eigentlich darum, mich aus meinem seelischen Tief herauszuholen, damit ich mal für eine Weile meine Sorgen vergessen könnte und einfach mal wieder „leben" würde.

Nach ein paar Gläsern Wein und einem halben Dutzend „Wisst ihr noch, als ...?"-Geschichten schlug Brigitte vor, dass wir mithilfe einiger unserer Lieblingsorakel herausfinden sollten, was die Zukunft für uns bereithielt. An jenem Abend gingen wir also unsere Horoskope durch. Nina, meine andere Cousine, las jedem von uns die Tarotkarten und dann ging es weiter mit dem „Yijing".

Das letztgenannte Orakelbuch basiert auf einem System altchinesischer Philosophien. Du wirfst sechs Mal drei Münzen, und das Muster von Kopf oder Zahl ergibt dann sechs durchgezogene oder unterbrochene Striche, die ein sogenanntes Hexagramm bilden. Jedes Hexagramm und jeder Strich innerhalb des Hexagramms hat eine Bedeutung und offenbart deinen aktuellen Status sowie alles, was dir den Elan raubt oder dich vorantreibt. Anschließend erhältst du Ratschläge, wie du das Positive nutzen und das Negative neutralisieren kannst, damit dein Lebensweg klarer und positiver wird.

Ich nehme solche Dinge nur selten ernst. Das Beste daran war immer das Spekulieren darüber, wer wohl die vom Orakel beschriebene „dunkelhaarige Person" oder der „große, gut aussehende Fremde" sein könnte, der eine von uns aus den Socken hauen würde.

An jenem Abend fiel mir jedoch etwas in der Beschreibung meines konkreten Hexagramms auf, das mich noch mehrere Tage danach nicht losließ. Meine Münzen ergaben Hexagramm 15, Authentizität, welches besagte, dass ich zu meinem ursprünglichen Zentrum zurückkehren müsse, um mich zu lösen und mich frei durchs Leben zu bewegen.

In der Zusammenfassung wurde angedeutet, dass die Dinge, die mir früher Erfolg gebracht hatten, nicht mehr funktionierten, weil ich zu weit von meinem wahren Selbst abgedriftet war. Laut der Beschreibung war mein Leben aus dem Gleichgewicht geraten, und ich müsse einen Schritt zurücktreten und mir überlegen, wer ich sei, um ein authentischeres Leben führen zu können.

Das stimmte zweifellos, nur war das leichter gesagt als getan.

Bis vor Kurzem hatte ich noch in der Illusion gelebt, mir und meinen Idealen immer treu geblieben zu sein. In Wirklichkeit hatte ich mir die Fähigkeiten und Eigenschaften angeeignet, die mir zum Erfolg verhelfen sollten, mich dabei aber auch teilweise selbst verloren.

Daraufhin dachte ich darüber nach, was eigentlich genau mit „Authentizität" gemeint ist. Der Begriff bezieht sich in der Regel auf etwas, was „real", „echt" und „original" im Sinne von „ursprünglich" ist. Im Kontext zwischenmenschlicher Beziehungen bedeutet das, aufrichtig und ehrlich zu handeln und zu sprechen, unabhängig davon, was andere Menschen denken.

Woher wissen wir, dass wir tatsächlich authentisch sind, wenn so viele verschiedene Erfahrungen und Menschen unser Verhalten beeinflussen und unsere Identität prägen?

Die meisten von uns werden mit einer natürlichen Unbefangenheit geboren, aber diese kann durch viele kleine Ängste, kritische Äußerungen und Aggressionen, die unsere Kindheit prägen, beeinträchtigt werden. Ein Baby kommt nicht mit Angst vor Gewittern auf die Welt, sondern kann diese Angst entwickeln, wenn es von einem plötzlichen, lauten Donnerschlag und einem blendenden Blitzschlag erschrocken wird. Wir gehen das erste Mal eine partnerschaftliche Beziehung unbefangen und mit offenem Herzen ein, das mit jeder Enttäuschung verschlossener wird und etwas mehr kaputtgeht. Oder wir üben unseren vermeintlichen Traumberuf aus und stellen dann ernüchtert fest, dass das Arbeitsklima in unserem Büro suboptimal ist und alles „vergiftet".

Und so leben und lernen wir. Aber wir neigen dazu, mit jeder neuen Lektion einen bestimmten Teil unseres Selbst zurückzulassen. Die Glücklichsten unter uns sind in der Lage, das Negative auszublenden und ihr neu entwickeltes Selbst mit den neuen Lebensumständen in Einklang zu bringen, ohne sich dabei selbst zu verlieren. Einige von uns verlieren sich jedoch selbst und finden nie mehr zu sich selbst zurück. Die meisten Frauen befinden sich irgendwo dazwischen und versuchen, das, was sie wollen, mit dem, was sie brauchen, in Einklang zu bringen und eine Balance zwischen Erwartung und Realität zu schaffen.

Nachdem ich Michael verlassen hatte und nach Radolfzell gezogen war, versuchte ich mehrere Monate lang, mich abzulenken und mein Leben Schritt für Schritt in den Griff zu bekommen. Aber in jenen schlaf- und ruhelosen Nächten begann ich mich zu fragen, was aus dem furchtlosen kleinen Mädchen geworden war, das ich einst war, und wer ich wohl werden würde.

Im Leben geht es darum, unsere Grenzen auszutesten und neue Dinge auszuprobieren, damit wir erkennen, was zu uns passt und was wir lieber lassen sollten. Ich habe einmal gelesen, dass Dating das emotionale Äquivalent zum Anprobieren verschiedener Outfits ist, um zu sehen, welches am besten passt. Dasselbe gilt für viele andere Dinge, die uns angeblich glücklich und zufrieden machen sollen.

Oft kaufen wir uns ein Kleidungsstück, das im Geschäft toll aussah. Wenn wir es dann zu Hause noch mal anprobieren, merken wir, dass es nicht wirklich zu uns passt. Was tun wir nun? Lassen wir dieses Kleidungsstück dann im Schrank – oder die Menschen in unserem Leben –, in der Hoffnung, dass es uns eines Tages passen wird, ändern wir uns selbst, damit es uns passt, oder geben wir es zurück und suchen uns etwas, das besser zu unserem Stil und zu unserem Geschmack passt?

Bedauerlicherweise entscheiden sich viele von uns für die einfachste Option und nicht für das, was für unser Leben eigentlich richtig wäre.

Im Widerspruch zu unseren eigenen Vorlieben und Wünschen stehen unsere Ängste und Muster, die wir bekämpfen, sowie die Erwartungen von Eltern, Lehrern, Chefs, Freunden, Partnern und sogar Fremden.

Wir müssen unsere Angst überwinden, die Menschen um uns herum zu enttäuschen, und lernen, Muster und Erwartungen zu bekämpfen, um unser Leben selbst zu gestalten, anstatt vor uns hin zu vegetieren oder den Weg des geringsten Widerstands zu gehen.

Es gab Zeiten in meinem Leben, in denen ich mich den Erwartungen meiner Familie und der Gesellschaft widersetzte und infolgedessen in einen Konflikt geriet. Genauso oft ließ ich mich von der Angst beherrschen. Anstatt zu lernen, mit den Konsequenzen eines unkonventionellen Lebens umzugehen, ließ ich mich auf eine Art und Weise verändern, die mich nicht gerade glücklich machte.

Mit dem Alter kommt die Weisheit. Zum Glück bin ich eher früher als später zu einigen Erkenntnissen gekommen – jung genug, um noch einen langen und glücklichen Weg vor mir zu haben, und weise genug, um den Unterschied zwischen dem zu erkennen, was ich ändern kann, was ich akzeptieren sollte und was ich loslassen sollte.

Während meiner Talwanderungen ist mir klar geworden, dass ich stark genug bin, fast alles zu überstehen, was das Leben an Herausforderungen an mich heranträgt, und alles zu akzeptieren, was ich nicht ändern kann. Ich lasse mich nicht mehr von meinen Gefühlen beherrschen, indem ich ausraste. Ich tue aber auch nicht so, als gäbe es sie nicht. Ich registriere sie alle, sowohl die positiven als auch die negativen. Anstatt mir jedoch über jede einzelne Emotion den Kopf zu zerbrechen und sie mein Leben bestimmen zu lassen, nutze ich sie, um mein Leben selbst zu bestimmen.

Warum Authentizität wichtig ist

„Der Hauptgrund, warum Menschen im Leben scheitern, ist, dass sie auf ihre Freunde, Familie und Nachbarn hören."

– Napoleon Hill –

Verdrängst du ständig deine eigenen Gefühle und Wünsche, aus Angst, jemanden zu beleidigen, oder um Konflikte zu vermeiden? Hat man dir beigebracht, die Wünsche und Bedürfnisse anderer Menschen vor deine eigenen zu stellen? Wie oft bist du dir schon sicher gewesen, dass du eine gute Idee hast, und wurdest dann von Selbstzweifeln übermannt, weil jemand den Advocatus Diaboli spielte und auf die Fehler in deinem Plan hinwies?

Wir leben in einer Welt, die zu sehr auf das Image fixiert ist. Als Kinder werden wir sofort zurückgepfiffen, wenn wir uns aus der Sicherheit unseres Zuhauses, unserer Kultur oder unserer Familientraditionen hinauswagen. Später werden wir dann in einer Gesellschaft voller Influencer erwachsen, die ein fabriziertes Leben führen, neben dem unser eigenes recht fad und dürftig wirkt.

Wir tauschen unsere Realität gegen die Social-Media-Lüge ein, die uns dazu zwingt, eine Fassade aufzusetzen, um mit der Fassade anderer Menschen mithalten zu können. Wir bearbeiten unsere Fotos bis hin zu dem Punkt, an dem wir gar nicht mehr wissen, wie wir eigentlich außerhalb unserer Selfies wirklich aussehen. Wir posten unsere Mahlzeiten, unsere Jobs und unsere Besitztümer für Likes und soziale Anerkennung und konzentrieren uns darauf, wie wir online abschneiden, anstatt zu lernen, unsere eigene Gesellschaft zu genießen oder mit den echten Menschen aus unserem Leben zu interagieren.

Zu dem Druck von außen kommt dann noch die innere Stimme hinzu, die der Meinung anderer Menschen zustimmt in Bezug auf unsere Defizite und unseren Mangel an Stil, Attraktivität, Reichtum oder was auch immer die Gesellschaft als „Erfolg" oder „Misserfolg" bezeichnet.

Vielleicht fragst du dich, warum Authentizität wichtig ist. Was ist falsch daran, eine bestimmte Persönlichkeit zu kreieren, wenn wir uns dadurch eine bessere Version unserer selbst vorstellen können? Die Antwort darauf hängt von deinen persönlichen Beweggründen ab.

Wenn wir eine Fassade erschaffen, die wir der Außenwelt präsentieren, geben wir damit indirekt zu, dass wir so, wie wir „von Natur aus" sind, im Grunde genommen nicht „genügen". Selbst wenn wir mit uns selbst zufrieden sind, führt die ständige Auseinandersetzung damit, wie fabelhaft, abenteuerlich oder zufrieden andere zu sein scheinen, dazu, dass wir ihr Leben mit unserem vergleichen.

Hast du dich jemals gefragt, warum es so wichtig ist, ob jemand besser oder hübscher oder dünner oder klüger oder emotional ausgeglichener ist als du?

In Wirklichkeit wissen wir nichts über die Realität eines anderen Menschen. Frauen, die scheinbar alles im Griff haben, sind oft voller Selbstzweifel. Egal, wie fleißig du lernst oder wie du deine Haaren stylst, du wirst nie perfekt sein. Mag sein, dass eine andere Frau klüger ist oder einen „besseren" Job hat als du, aber das spielt im Großen und Ganzen eigentlich keine Rolle. Es geht nicht darum, Perfektion zu erreichen, sondern darum, ein Leben zu gestalten, das *für dich* perfekt ist.

Viele leben ihr Leben – oder besser gesagt verschwenden ihr Leben – mit inneren Konflikten, die dadurch entstehen, dass ihr inneres Sein im Widerspruch zu dem äußeren Konformitätsdruck steht. Während wir danach streben, unseren Sinn und Zweck zu finden, leben wir in einer Gesellschaft, die immer mehr Wert auf Äußerlichkeiten legt. Zwischen diesen beiden Polaritäten befinden sich unsere fabrizierten Persönlichkeiten, die wir so geformt und angepasst haben, dass wir „genügen", während wir gleichzeitig den Kern unseres wahren Wesens verlieren.

Dieses „adaptive Selbst" ermöglicht es uns, in unserer Gesellschaft zu funktionieren, doch geht dies allzu oft auf Kosten unseres „authentischen Selbst". Die Frage ist: Wie bringst du beides zusammen und machst daraus eine Frau, die ein erfolgreiches *und* authentisches Leben lebt, das widerspiegelt, wer du tief in deinem Inneren wirklich bist?

Finde heraus, wer du wirklich bist!

„Sei du selbst, denn alle anderen gibt es schon."

– Oscar Wilde –

Ich weiß noch, dass ich nach jenem Mädelsabend mit meinen Cousinen mehrere Wochen lang Menschen sowohl zum Lachen brachte als auch nervte, indem ich sie fragte, wie ich als Kind war oder was ihr erster Eindruck von mir war, als sie mich kennenlernten. Dadurch versuchte ich, mein authentisches Selbst wiederzufinden. Statt meiner Selbstwahrnehmung zu vertrauen, berief ich mich vorwiegend auf das Bild, das andere von mir hatten.

Erst nachdem es mir gelungen war, das Durcheinander zu entwirren und aus meinem „Gedankenkarussell" auszusteigen, konnte ich in mich gehen und eine gewisse Selbsterkenntnis erlangen. Im Laufe mehrerer Monate und dank der großen Hilfe meiner Therapeutin konnte ich einen

Plan entwickeln und umsetzen, der es mir ermöglichte, mein volles Potenzial auszuschöpfen und mir das Leben meiner Träume aufzubauen.

Es war eine große Herausforderung, mal alles andere auszublenden, bis es nur noch mich selbst gab, unverfälscht und nackt, sowohl körperlich als auch seelisch. Der Zeitpunkt war ideal. Ich war in einer neuen Stadt, in der ich sozusagen „gezwungen" war, mich nur mit mir selbst zu beschäftigen, anstatt mich von meiner Familie, meiner Karriere oder einem Mann bestimmen zu lassen.

Du musst nicht erst einen absoluten Tiefpunkt in deinem Leben erreichen oder etwas „Dramatisches" erleben, um wichtige Erkenntnisse über dich selbst zu gewinnen. Du kannst sie schon heute erlangen und gleich praktisch umsetzen. Und so kannst du einen Plan entwickeln, um dein authentisches Selbst wiederzuentdecken und dir somit das Leben deiner Träume aufzubauen:

Erlerne objektive Selbstbeobachtung!

Es ist schwierig, deinen Gedanken und Gefühlen zu folgen, wenn es dir an Objektivität mangelt. Lerne, dich selbst ehrlich von außen zu betrachten. Das bedeutet nicht, dass du dein Äußeres kritisieren oder all deine Fehler auflisten sollst. Vielmehr geht es darum, im Hier und Jetzt zu leben und deine Gedanken und Gefühle objektiv zu erfassen.

Erkenne, ob dein adaptives Selbst die Oberhand hat und dein Denken und Handeln untergräbt. Mit etwas Übung wirst du in der Lage sein, zu erkennen, wie sich die Person, die du der Welt präsentierst, unter Druck oder in bestimmten Situationen verhält. Ist dieses Verhalten authentisch oder gespielt?

Analysiere deine Kindheit und das Wertesystem deiner Familie!

Wir werden von Anfang an von den Traditionen und Weltanschauungen der Menschen geprägt, bei denen wir aufwachsen. In der Regel bestimmen diese frühen Vorbilder unseren Glauben, unsere Moral, unsere zwischenmenschlichen Beziehungen und unsere Berufswahl.

Analysiere deine Kindheit, um herauszufinden, in welcher bestimmten Situation/in welchen bestimmten Situationen du dich auf eine Art und Weise verhalten hast, die deinem Charakter und/oder deinen Überzeugungen zuwiderlief. Welche Umstände und Emotionen herrschten in jener Situation vor, die dich zu dieser nicht ganz authentischen Reaktion veranlassten?

Ebenso wichtig ist es zu analysieren, wie die Werte und Überzeugungen deiner Familie oder deiner Altersgenossen deine Entscheidungen beeinflussen. Triffst du Entscheidungen, nur um dazuzugehören oder akzeptiert zu werden? Wie fühlst du dich, wenn du gegen dein wahres Selbst handelst? Gibst du Kommentare ab, die andere Menschen verletzen, und meinst du das alles ernst?

Eines der stärksten Bedürfnisse des Menschen ist es, dazuzugehören und von der Gesellschaft akzeptiert zu werden. Deshalb sind viele von uns bereit, sich anzupassen. Dieses Zugehörigkeitsbedürfnis sollte jedoch nicht die eigene authentische Persönlichkeit untergraben und dazu führen, dass wir unterschiedliche Meinungen, Kulturen oder Traditionen nicht mehr akzeptieren und wertschätzen.

Lerne, deine persönlichen Überzeugungen und Verhaltensweisen mit deinem Bedürfnis, dazuzugehören, in Einklang zu bringen. Unterscheide zwischen persönlichen Überzeugungen und destruktiven oder negativen Verhaltensmustern. Wenn negative Einstellungen oder Vorurteile aus deinem Inneren kommen, analysiere, warum es dich so sehr stört oder wütend macht, wenn andere Menschen unterschiedlich sind. Kann es sein, dass du eine negative Einstellung gegenüber dir selbst hast und diese nach außen projizierst?

Lass dein adaptives Selbst mit deinem authentischen Selbst verschmelzen!

Selbst wenn wir mit der Welt Frieden schließen, führen wir oft einen Krieg gegen uns selbst. Versuche, die besten Eigenschaften deines adaptiven Selbst mit deinem wahren Selbst in Einklang zu bringen.

Das Gesicht, das du der Welt zeigst, ist vielleicht nicht vollkommen authentisch, aber es ermöglicht dir, in der Gesellschaft, in der du lebst, zu funktionieren, und es bietet dir in vielerlei Hinsicht Schutz. Das solltest du anerkennen und wertschätzen. Führe einen ehrlichen und konstruktiven inneren Monolog, um deine Beweggründe und dein Verhalten zu analysieren.

Vielleicht wirst du überrascht sein von dem, was du über dein authentisches Selbst herausfinden wirst, und deiner adaptiven Persönlichkeit verzeihen. Deine Tendenz, es allen recht machen zu wollen, kann zum Beispiel aus Unsicherheit oder aus Angst vor Ablehnung resultieren. Sobald du die Ursache gefunden hast, ist die Lösung nicht mehr fern.

Werde dir deiner negativen Emotionen und deiner Selbstzweifel bewusst!

Wenn du das Erwachsenenalter erreichst, ist dein authentisches Selbst möglicherweise so tief unter der Last deiner bisherigen Lebenserfahrungen verschüttet, dass du gar nicht weißt, ob du es überhaupt ausgraben kannst oder wie du damit beginnen sollst. Am einfachsten ist es, mit deinen Emotionen zu beginnen. Wenn du Angst oder Selbstzweifel verspürst, nimm dir etwas Zeit, um dir diese Gefühle erst einmal einzugestehen und ihren Ursprung zu finden.

Dazu braucht es etwas Übung, vor allem aber Geduld und Entschlossenheit. Wenn du negative Selbstgespräche oder selbstzerstörerische Verhaltensweisen erkennst, wirst du deinem authentischen Selbst rasch näherkommen und lange verdrängte Probleme lösen können. Dann kannst du diese destruktive innere Stimme zum Schweigen bringen und die Negativität abklingen lassen.

Lerne, Problemen und Ängsten entschlossen entgegenzutreten!

Wenn du dich authentisch verhältst, wirst du in der Lage sein, praktisch jeder Situation mit fester Entschlossenheit entgegenzutreten, denn Authentizität und Aufrichtigkeit stärken dein Selbstvertrauen.

Es erfordert viel innere Arbeit, einen emotionalen Punkt zu erreichen, an dem du dein authentisches Selbst akzeptieren kannst, insbesondere wenn deine äußere Persönlichkeit als Folge starker unterdrückter Emotionen wie Angst, Wut, Traurigkeit und Selbstzweifel entstanden ist. Nimm dir so viel Zeit, wie du brauchst, um deine angstbasierten Gedanken zu analysieren und ihren Ursprung herauszufinden.

Wenn du sie identifizierst, wahrnimmst und akzeptierst, wirst du in der Lage sein, sie auf ihre wahre Größe und Bedeutung zu reduzieren und sie loszulassen.

Liebe dich selbst und andere!

Solange du dich nicht selbst liebst, wirst du nicht sonderlich viel Liebe oder Mitgefühl für andere aufbringen können. Selbstliebe kannst du jedoch nicht erreichen, indem du dich mit anderen Menschen vergleichst oder sie herabsetzt, um dich selbst besser zu fühlen. Selbstliebe erreichst du, indem du deine Menschlichkeit, deine Schwächen und deine Fehler akzeptierst und erkennst, dass gerade sie dich einzigartig machen!

Beginne jeden Tag damit, all die guten Dinge in deinem Leben und all deine positiven Eigenschaften aufzuzählen. Nimm dir ein paar Momente Zeit, um tief durchzuatmen, und atme mit jedem Atemzug Selbstliebe ein. Habe Mitgefühl mit dir selbst. Sobald du voller Liebe bist, verbreite sie draußen auf andere. Vergiss nie, dass das Universum dir alles zurückgibt, was du nach außen projizierst. Denke daran, wir alle sind Menschen – mit Stärken und mit Schwächen. Keiner von uns ist perfekt, und das ist auch gut so.

Übe dich in Geduld und Selbstliebe!

Deine Ängste und negativen Emotionen zu erkennen und dich ihnen zu stellen, ist nur der erste Schritt. Du musst auch lernen, dir selbst und anderen zu verzeihen. Damit beschwichtigt du nichts; du akzeptierst lediglich, dass wir alle Fehler machen. Niemand kann die Vergangenheit ändern. Wir können nur aus vergangenen Taten lernen und versuchen, unsere Fehler nicht zu wiederholen.

Wenn du die Vergangenheit hinter dir lässt und deine negativen Gedanken und Verhaltensweisen durch gesündere, optimistischere Denkweisen ersetzt, kommst du deinem authentischen Selbst näher. Das erfordert zwar viel Geduld und Übung, aber der Seelenfrieden, der darauf folgt, ist die Mühe durchaus wert.

Erkenne und analysiere deine Grundwerte und deine Überzeugungen!

Bist du jemals einen „faulen Kompromiss" eingegangen? Ich erinnere mich noch gut daran, wie ich mich in meiner ehemaligen Beziehung von persönlichen Maßstäben entfernt habe, auf die ich eigentlich sehr großen Wert lege, wie zum Beispiel Aufrichtigkeit, Integrität und Verantwortung. Das gehört zu den Dingen in meinem Leben, für die ich mich am meisten schäme.

Ich habe gelogen, um sein Gesicht zu wahren, wenn mich Freunde nach unserer Beziehung fragten; ich habe gelogen, um sein missbräuchliches Verhalten zu vertuschen; und ich habe ihn belogen, um Konflikte zu vermeiden. Kurz vor dem Ende unserer Beziehung erlebte ich einen steilen Leistungsabfall bei der Arbeit und habe gelogen, um versäumte Termine oder Fehlzeiten zu entschuldigen, die mich schließlich meinen Job kosteten.

Was sind deine Grundwerte und Überzeugungen? Hörst du auf dein wahres Selbst, wenn du Entscheidungen triffst, oder gehst du Kompromisse ein? Je weiter du von deinen Grundwerten wegdriftest, die dich als Menschen ausmachen und das verkörpern, was dir lieb und teuer ist, desto mehr distanzierst du dich von deinem authentischen Selbst.

Lass alles los, was du nicht mehr brauchst!

Früher war mein Schrank zum Bersten voll mit Klamotten, die ich seit Jahren nicht mehr getragen hatte, und es gab sogar einige, die ich noch nie angezogen und irgendwann wer weiß warum gekauft hatte. Durch einen „Zwischenfall" wurde ich von meinem Messie-Syndrom geheilt. Mein Date öffnete auf der Suche nach dem Badezimmer die falsche Tür, woraufhin eine Lawine von Klamotten auf seinem Kopf landete.

Ähnlich wie bei meinem Kleiderschrank wird dein gesamtes Leben reibungsloser verlaufen – und es wird weniger peinliche Zwischenfälle geben –, wenn du den ganzen Krempel wegräumst. Wenn du die Dinge aus deinem Leben beseitigst, die du nicht mehr brauchst – seien es Menschen oder schlechte Gewohnheiten –, kannst du mit leichterem Gepäck reisen und höher fliegen.

Strebe nach kontinuierlichen Fortschritten statt nach sofortigen Ergebnissen!

Mal ganz abgesehen von glücklichen Zufällen – man bekommt im Leben nichts geschenkt. Wenn es so wäre, würden sowohl der Wert als auch die Wertschätzung von Dingen wie Erfolg, Glück, Schönheit und Liebe verloren gehen.

Erfolg ist jedoch in der Regel das Resultat kontinuierlicher Fortschritte, die sich über einen längeren Zeitraum vollziehen.

Wenn du auf der Suche nach schnellen Lösungen oder „Supertricks" bist oder wenn du sofortige Ergebnisse haben willst, sind Enttäuschungen vorprogrammiert. Echter Erfolg misst sich an seiner Nachhaltigkeit und an seinem Langzeitpotenzial.

Ehrlichkeit ist die beste Politik!

Wie oft hast du schon einer Entscheidung zugestimmt oder geschwiegen, nur um Konflikte zu vermeiden oder um jemandes Gesicht zu wahren? Wie hast du dich dabei gefühlt? Und wie hat es sich später angefühlt, kapituliert zu haben oder eine kleine Notlüge benutzt zu haben?

Lügen durch Unterlassen oder aus Bequemlichkeit wird umso leichter, je öfter du es tust. Die negativen Auswirkungen auf dein authentisches Selbst sind dauerhaft.

Im Grunde genommen ist „Authentizität" ein Synonym für „Aufrichtigkeit". Du kannst aufrichtig sein, ohne anderen wehzutun; du kannst deine eigenen Entscheidungen treffen, ohne überheblich zu sein; und du kannst dir selbst treu bleiben, ohne dickköpfig zu sein. Wenn du Aufrichtigkeit ausstrahlst, wird auch deine konstruktive Kritik besser ankommen, weil die anderen spüren, dass auch deine Kritik aufrichtig (und nicht etwa eigennützig) ist. Du bist ehrlich dir selbst gegenüber und gewinnst dadurch an Selbstachtung.

Lass dir Zeit, um bewusste Entscheidungen zu treffen!

Es ist schwer zu sagen, wie oft ich in meinem Leben schon eine „Blitzentscheidung" treffen musste. Diese im Eifer des Gefechts getroffenen Entscheidungen erweisen sich nur selten als gut.

In einer Welt voller Hektik und Chaos bist du gut beraten, dir etwas Zeit zu lassen, um rationale, fundierte Entscheidungen zu treffen. So verringerst du die Gefahr, Fehlentscheidungen zu treffen, die du später bereuen wirst. Wenn du dich fest an deine Überzeugungen hältst, wird dich auch niemand drängen oder zu schlechten Entscheidungen überreden können.

Sei authentisch!

Wenn du authentisch bist, strahlst du Aufrichtigkeit aus und wirst von den Menschen entsprechend wahrgenommen. Selbst wenn sie mit dem, was du zu sagen hast, oder mit deinen Entscheidungen nicht konform gehen, vermittelst du Ehrlichkeit, Vertrauenswürdigkeit und Selbstachtung. Dadurch können auch andere dir gegenüber authentisch sein und werden sich dabei wohlfühlen.

Arbeite kontinuierlich an deiner persönlichen Weiterentwicklung!

Ich habe es schon einmal gesagt und ich sage es immer wieder: *Das Leben ist eine Reise, kein Ziel.* Ich bin nicht mehr derselbe Mensch, der ich mit 10, 20 oder 30 Jahren war. Entwickle dich kontinuierlich weiter und lerne stetig Neues – mit dem Ziel, deine Weiterentwicklung und deine Authentizität miteinander in Einklang zu bringen.

Wann immer du ein Ziel vor Augen hast oder vor einer Entscheidung stehst, solltest du dich fragen, ob es sich lohnt, dieses Ziel zu verfolgen, und ob dieses Ziel oder diese Entscheidung das Beste für dich oder für jemand anderen ist. Wenn du dir selbst treu bleibst, kannst du in der Regel mit einem positiven Ergebnis rechnen, auch wenn du dein Ziel nicht sofort erreichst.

Das kongruiert mit dem, worüber ich vorhin gesprochen habe, als ich sagte, dass Scheitern keine Option ist, solange du aus deinen Lebenserfahrungen lernst und diese nutzt, um Veränderungen und Fortschritte zu erzielen. Solange du aus deinen Fehlern *nicht* lernst, wirst du dieselben Fehler wiederholen.

Arbeite kontinuierlich an deiner persönlichen Weiterentwicklung, sei offen für Neues, bilde dich fort und horche aufmerksam hin, was das Leben dir beizubringen versucht.

Dadurch wirst du nicht nur kluge Entscheidungen treffen können, sondern du wirst auch schneller im Leben vorankommen und dir somit eine solide Grundlage schaffen.

Höre auf deine innere Stimme und vertraue ihr!

Eine Sache, die in dem ganzen Chaos, das von allen Seiten auf uns einströmt, oftmals verloren geht, ist unsere Intuition. Wir haben verlernt, unserer eigenen Intuition zu vertrauen. Stattdessen sind wir selbst unser schärfster Kritiker, der uns als „verkehrt", „schlecht" oder „inkompetent" bezeichnet. Bewusst oder unbewusst führen wir unzählige negative Selbstgespräche, in denen diese selbstzerstörerischen Denkweisen genährt werden.

Achtsamkeitsübungen helfen uns, unsere Gedanken und Gefühle in eine positive Richtung zu lenken. Sei offen und dankbar und vertraue deinem Bauchgefühl. So kannst du das negative Gedankenkarussell stoppen und dich auf positives Denken, zielgerichtetes Handeln und konstruktive Lösungen konzentrieren.

Finde deine persönliche Bestimmung!

Wenn du deine persönliche Bestimmung im Leben gefunden hast, ist der Weg zu deinem authentischen Selbst nicht mehr fern. Um genau zu sein, gehen diese beiden Elemente Hand in Hand. Wenn du authentisch bist, kannst du viel leichter herausfinden, was dich wirklich glücklich macht und was du dir für dein Leben wünschst. Wenn du einen Sinn im Leben hast, wirst du auf dem richtigen Weg bleiben und authentische Entscheidungen treffen.

Authentisches und zielorientiertes Handeln bedeutet überdies, dass dein Entscheidungsvermögen durch deine Entschlossenheit gestärkt wird. Die daraus resultierende

Leidenschaft wird selbst die ärgsten Pessimisten und Zweifler zum Schweigen – und zum Staunen – bringen.

So wie unterschiedliche Städte und Kulturen auf der ganzen Welt hat auch jeder von uns irgendetwas, das ihn oder sie vollkommen einzigartig und nicht austauschbar macht. Es ist an der Zeit, dass du diese individuellen Besonderheiten an dir selbst entdeckst und sie freudig und selbstbewusst der Welt zeigst, um nicht nur dich selbst, sondern auch andere damit glücklich zu machen.

Positive Veränderungen sind eine Grundvoraussetzung für Entwicklung und Wachstum. Dazu gehört auch die Weisheit zu erkennen, ob es darum geht, Dinge aus einem äußeren Druck heraus verändern zu wollen, beispielsweise durch Ängste oder Zweifel, oder ob Veränderungen aus einem inneren Bedürfnis nach mehr Zufriedenheit herrühren.

Letztendlich kommt es nur auf deine Selbstliebe an.

Du musst dich selbst genug lieben, um das, was du in deinem Innersten bist, zunächst einmal selbst zu akzeptieren, und dich dann so – als authentischen Menschen mit all deinen Fehlern und Schwächen – auch anderen Menschen zu präsentieren. Und du wirst merken: Deine Kraft und deine wahre Schönheit kommen von innen und werden in die ganze Welt hinausstrahlen.

DIE KRAFT DER SELBSTLIEBE

Die folgende Geschichte ist nicht meine eigene Geschichte. Es geht um meine Freundin Hannah, die sich nichts mehr wünschte, als Programmiererin zu werden. Damals, als sie studierte, gab es noch fast keine Frauen, die Informatik studierten. Obwohl Technikwissenschaft ihre ganz große Leidenschaft war, stieß sie eher auf Verachtung und manchmal sogar auf unverhohlene Feindseligkeit, anstatt von ihren Kommilitonen als ebenbürtig angesehen zu werden.

Selbst einige ihrer Professoren nahmen sie anfangs nicht richtig ernst. Sie passte einfach nicht zu ihren Vorstellungen von einer technikbegeisterten Frau. Sie war zierlich und attraktiv, hatte eine tolle Ausstrahlung und war sehr aufgeschlossen. Aus irgendeinem unerklärlichen Grund wurde die Aversion gegen sie dadurch sogar noch schlimmer. So nach dem Motto: „Wenn eine Frau intelligent und kompetent ist, muss sie in sozialer Hinsicht wohl eine Macke haben."

Trotz alledem hat sie hart gearbeitet, sich als Klassenbeste bewiesen und sich ihren Respekt verdient, auch wenn sie bei jedem Projekt und jeder Klassendiskussion noch einen draufliegen musste, um überhaupt ernst genommen zu werden, während die anderen in ihrer Klasse nur das Nötigste taten.

Das alles ignorierte sie jedoch, weil sie fest an ihre Intelligenz und ihre Fähigkeiten glaubte. „Wenn ich erst mal mein Diplom in der Tasche habe", sagte sie einmal zu mir, „werde ich endlich einen Beweis dafür haben, was ich wert bin und was ich kann. Das wird schon werden."

Aber selbst als sie diesen handfesten Beweis für ihre Kompetenz tatsächlich „in der Tasche" hatte, wollte der Kampf immer noch kein Ende nehmen. Bei Vorstellungsgesprächen wurde sie ausgelacht und man sagte ihr, dass sie vom Aussehen her nicht in die Rolle passe oder dass gerade keine Stelle als Sekretärin frei sei. Das nagte an ihrem Selbstwertgefühl. Ihre Zeugnisse, all das Lob und die Anerkennung in ihren Empfehlungsschreiben schienen keinerlei Bedeutung zu haben. Die Leute konnten einfach nicht über ihren eigenen Schatten springen und ihr äußeres Erscheinungsbild sowie ihr Geschlecht ausblenden oder als unerheblich bzw. als gleichwertig betrachten.

Nach der ersten Woche trug sie bei Vorstellungsgesprächen kein Make-up mehr. Gegen Ende der zweiten Woche färbte sie ihre naturblonden Haare dunkler und trug eine Brille, die sie eigentlich gar nicht brauchte, um möglichst wie eine „seriöse Fachfrau" auszusehen.

Schließlich nahm sie eine Einstiegsposition im Bereich Datenerfassung an, bei der sie einen Bruchteil des Gehalts verdiente, das ihrer Qualifikation entsprach. Jeder hielt das für einen Rückschritt auf der Karriereleiter, aber sie dachte pragmatisch. Immerhin war es eine solide Firma mit vielen Aufstiegsmöglichkeiten, also ging sie davon aus, dass es sich am Ende auszahlen würde, erst einmal einen Fuß in die Tür zu kriegen und so die Gelegenheit zu haben, ihren wahren Wert unter Beweis zu stellen.

Ihre Rechnung ging auf, aber erst nachdem sie mehrere Jahre lang darum gekämpft hatte, wahrgenommen und für ihre Leistungen anerkannt zu werden. Technikwissenschaft ist immer noch eine „Männerdomäne", und Hannah musste ihren Wert immer wieder unter Beweis stellen. Egal, was ihre männlichen Kollegen taten, sie stand stets unter dem Druck, sie übertrumpfen zu müssen. Sie kämpfte darum, in Meetings angehört und ernst genommen zu werden und Anerkennung für ihre Leistungen zu erhalten, wehrte sich gegen die Rolle des Kaffeemädchens und entwickelte IT-Lösungen, die ihrer Firma mehrere Millionen Euro einbrachten.

Meine Freundin hat nie aufgegeben. Sie liebte sich selbst stark genug und glaubte fest genug an ihr Können, um auch dann noch durchzuhalten, wenn viele Menschen längst aufgegeben hätten.

Was siehst du, wenn du in den Spiegel schaust? Siehst du eine starke, selbstbewusste Frau oder ein verängstigtes kleines Mädchen?

Tief in unserem Inneren haben wir alle unsere Ängste und Zweifel. Wir werden sie zwar nie ganz los, aber wir lernen, sie als Teil unserer selbst zu akzeptieren. Es ist schwierig, sich selbst zu lieben und zu akzeptieren, wenn man auf Kritik und Spott stößt, weil man den archaischen Verhaltensstandards von Eltern und Lehrern oder den – oft unrealistischen – Standards der Medien und „Influencer" nicht gerecht wird.

Wenn du in einem männerdominierten Bereich arbeiten möchtest, stellt man entweder deine Zuverlässigkeit oder deine Tauglichkeit als Frau infrage. Darüber hinaus werden die Leute über deine sexuelle Orientierung spekulieren. Schlimmer noch, sie erlauben sich Freiheiten und werfen dir vor, keinen Sinn für Humor zu haben oder prüde zu sein, wenn du nicht auf ihrer Wellenlänge funkst.

Obwohl ich generell eine relativ selbstbewusste und lebensbejahende Person war, gab es immer noch die eine oder andere Unsicherheit, die mein Ex-Freund erkannt und benutzt hatte, um mich fertigzumachen. Als unsere Beziehung dann in die Brüche ging, war ich nur noch ein Schatten meines früheren Selbst. Ich zweifelte an meiner Intelligenz, an meinem äußeren Erscheinungsbild und an meinem Entscheidungs- und Urteilsvermögen.

Wie konnte jemand, der so clever und intelligent war, sich so runterziehen lassen – wider alle Vernunft?

Da eine partnerschaftliche Beziehung völliges Neuland für mich gewesen war, vermochte ich die Situation nicht wirklich korrekt einzuschätzen. Ich fragte mich immer wieder: „Ist das normal?" Schließlich hatte ich null Erfahrung, deshalb fehlte mir der Vergleich. Es war mir peinlich, mit anderen über meine Situation zu sprechen, weil ich dann immer diejenige war, die anderen Leuten das Herz ausschüttete. Ich kam mir dann immer so unglaublich hilf- und ratlos vor. Auch konnte und wollte ich nicht zugeben, dass ich mich von einem Mann so sehr dominieren ließ, dass ich auf dem besten Weg war, mich selbst zu verlieren.

Zum einen fehlte es mir an Selbstbewusstsein. Ich war damals noch sehr jung und in vielerlei Hinsicht auch naiv. Ich dachte, ich würde das schon hinkriegen; wenn ich hier und da klein beigab, um den Frieden zu wahren, könnten wir miteinander glücklich sein. Bei größeren Problemen blieb ich zwar unnachgiebig, aber ich ließ viele kleine Dinge durchgehen. Ich dachte, sie wären nicht von Bedeutung, aber sie häuften sich und schwächten gleichzeitig mein Selbstwertgefühl.

Ein geringes Selbstwertgefühl hält viele von uns zurück, das zu tun, was wir für richtig halten. Die Ausprägung unseres Selbstwertgefühls beginnt bereits sehr früh, schon im Kleinkindalter. Wenn uns jemand sagt, dass unsere Leistungen nicht gut genug wären, dann haben wir das Gefühl, dass *wir* nicht gut genug wären.

Das setzt sich dann unser ganzes Leben lang so fort, mal mehr und mal weniger subtil. Wir sehen bildhübsche Mädchen in unserem Alter, superschlanke Models in Modezeitschriften, Liebesfilme voller Leidenschaft und Paare in scheinbar perfekten Beziehungen – und wir selbst haben nichts von alldem. Und manchmal sind wir gezwungen, viel härter als andere zu arbeiten, um uns in der Schule oder im Beruf zu beweisen, insbesondere dann, wenn unsere Interessen und unsere Berufswahl eher „unkonventionell" sind.

Kein Wunder also, dass so viele von uns kaputt und verloren durch die Welt „dümpeln".

Aber du musst kein Star sein oder wie ein Supermodel aussehen, um erfolgreich und zufrieden mit deinem Leben zu sein. Ganz im Gegenteil! Je mehr du versuchst, dich in die Schublade reinzuquetschen, in die dich deine Familie und die Gesellschaft stecken wollen, desto schlechter wirst du dich fühlen.

Materielle Besitztümer, hochkarätige Jobs und gesellschaftliche Ideale bringen kein Glück, insbesondere dann nicht, wenn du ihnen nachjagen musst oder wenn sie als Ersatz für Zufriedenheit fungieren. Was dir wahre Zufriedenheit bringt, das sind Selbstliebe und Selbstvertrauen, egal was du im Leben tust.

Was es bedeutet, sich selbst zuerst zu lieben

Wenn jemand sagt, dass er sich selbst an die erste Stelle setzt oder dass er sich selbst mehr liebt als alle anderen, ist unser erster Gedanke, dass diese Person sehr eingebildet oder narzisstisch sein muss. Aber Selbstliebe hat nichts mit Egoismus oder Egozentrik zu tun.

Du kannst dein eigener größter Fan sein, ohne andere zu verletzen oder sie herabzusetzen. Das machen nur die Schwachen und die Unsicheren.

Sich selbst zuerst zu lieben, bedeutet, einfühlsam und barmherzig zu sein. Es bedeutet, zu akzeptieren, dass du nicht perfekt bist und dass Perfektion auf dieser Welt nicht existiert. Wir Menschen sind alle in gewisser Weise unvollkommen.

Schon von klein auf suchen wir Liebe und Anerkennung bei anderen. Wir lernen, dass wir belohnt werden, wenn wir etwas tun, was andere für „gut" halten. Wenn wir etwas tun, was andere für „schlecht" oder unangebracht halten, müssen wir mit negativen Konsequenzen rechnen, wodurch wir uns schlecht oder minderwertig fühlen. Also tun wir weiterhin das, was positive Ergebnisse bringt, und meiden oder verheimlichen aktiv das, was andere für inakzeptabel halten.

So werden wir darauf konditioniert, Liebe und Anerkennung außerhalb unserer selbst zu suchen. Die meisten von uns denken, dass wir glücklich sein würden, wenn wir alles tun, was andere Menschen glücklich macht. Für gewöhnlich wird uns erst mit der Zeit und mit zunehmender Erfahrung bewusst, dass wahres, dauerhaftes Glück und Zufriedenheit nur von innen kommen können. Es ist organisch.

Sich selbst zuerst zu lieben, bedeutet, das, was du hier und jetzt bist, zu schätzen. „Wenn ich noch ein paar Kilo mehr abnehme, wenn ich dieses Ziel erreiche und wenn ich eine Beziehung habe, dann werde ich richtig glücklich sein!" Wenn du ständig solche Gedanken hast, dann lebst du nicht in der Gegenwart. Ganz im Gegenteil, du verschiebst dein Glück auf ein fernes Datum in der Zukunft, wenn alles „perfekt" ist und du alles erreicht hast.

Dieser Tag wird niemals kommen. Das Leben funktioniert einfach nicht so. Das Leben ist chaotisch und unvorhersehbar. Erst wenn du lernst, Herausforderungen als willkommene Chancen zu „be-greifen", Schläge einzustecken und weiterzumachen, weil du tief im Inneren weißt, dass alles, was passiert, nur vorübergehend ist, wirst du frei und glücklich sein.

Selbstliebe sieht nicht für jeden gleich aus, und Glück ist für jeden etwas anderes. Um es zu finden, musst du herausfinden, was Glück *für dich persönlich* bedeutet und wie es sich *für dich persönlich* anfühlt.

Für die meisten von uns bedeutet Selbstliebe Folgendes:

– sich selbst gut zu behandeln

– sich selbst Liebe und Mitgefühl statt Negativität entgegenzubringen

– sich selbst zur obersten Priorität zu machen, anstatt dafür zu leben, anderen zu gefallen

– Selbstverurteilung zu meiden

– seinen Werten und Idealen treu zu bleiben

– kluge Entscheidungen zu treffen

– gesunde Grenzen zu setzen

– sich selbst zu verzeihen, wenn man einen Fehler gemacht hat

– Negativität und Missgunst loszulassen

Selbstliebe bedeutet *nicht,* dass du anderen gegenüber gleichgültig bist oder ihnen gar hasserfüllt entgegentrittst. Wenn du tief in deinem Inneren Liebe und Zufriedenheit empfindest, werden diese ganz natürlich aus dir in die Welt hinausfließen. Du kannst gar nicht egoistisch oder egozentrisch sein, weil deine Anteilnahme und deine Empathie anderen Menschen gegenüber eine ganz natürliche Folge deiner Selbstliebe sind. Das wird sich an deinem Verhalten erkennen lassen und es wird sich auch an deinem Gesicht abzeichnen, und glaube mir: Selbstliebe macht sich besser als das beste Make-up!

Wie du durch Selbstliebe an Lebensqualität gewinnst

Dich selbst zu lieben, bedeutet, gesunde Entscheidungen zu treffen. Es bedeutet zu lernen, Nein zu sagen und Grenzen zu setzen, ohne krampfhaft nach Ausreden suchen zu müssen. Wenn du weißt, dass du das Richtige für dich tust, wird das dein Selbstvertrauen umso mehr stärken.

Wenn du dich in Selbstliebe übst, kümmerst du dich besser um dich selbst. Wenn du stark und gesund bist, bist du in der Lage, mehr zu geben und – im Gegenzug – wiederum mehr zu empfangen, ohne dass du dafür kämpfen musst. Und wenn etwas einmal nicht so läuft, wie du es dir vorgestellt hast, dann kannst du es aus einer optimistischen Perspektive betrachten, statt in Selbstmitleid zu versinken oder selbstzerstörerische Verhaltensmuster zu entwickeln.

Du lernst, deinen Körper mitsamt Fettpölsterchen und allem anderen zu lieben und zu akzeptieren. Selbstakzeptanz bedeutet, das Gute anzuerkennen und zu schätzen, statt sich auf das Negative zu konzentrieren. Mit der Zeit wirst du merken, dass du weniger unsicher und auch bescheidener sein wirst.

Selbstliebe oder Selbstwertschätzung bedeutet auch, auf seine Gesundheit zu achten, eben weil du dich selbst „wertschätzt". Du achtest auf deinen Körper, weil er dir wichtig ist.

Du pflegst bessere Beziehungen zu anderen Menschen, weil du gesunde Grenzen setzt, die deine Selbstwahrnehmung und deinen Wert als Mensch demonstrieren. Dadurch ersparst du dir auch eine Menge Frustration und Missgunst.

Du kannst mit deiner Familie Frieden schließen, auch wenn sie Dinge tun oder sagen, die dir wehtun, weil dir klar ist, dass du sie nicht ändern kannst, auch dann nicht, wenn du an deinem Schmerz oder an deiner Missgunst festhältst. Damit tust du dir nur selbst weh.

Ferner verleiht dir Selbstliebe Motivation und Elan. Du strebst nach den guten Dingen im Leben, weil du weißt, dass du sie verdienst. Misserfolge stellen für dich keine großen Katastrophen dar, weil dir klar ist, dass sie nur kleine Rückschläge und kein Dauerzustand sind.

Selbst wenn Schwierigkeiten auftreten, zum Beispiel in Form einer schweren Krankheit oder einer einschneidenden Krise, kannst du besser damit umgehen, weil du positiv und zielgerichtet denkst. Genau genommen spielt deine Denkweise die entscheidende Rolle bei der Bewältigung von Problemen und sogar chronischen Erkrankungen.

Zu guter Letzt: Wenn du dich nicht mehr davon dominieren lässt, was andere Menschen denken, und du dich nicht mehr verbiegen lässt, damit sie glücklich sind, bist du frei. Du gestattest dir selbst, deine Träume zu verwirklichen und das Leben zu leben, das am besten zu dir passt.

Barrieren für die Selbstliebe

Um dich wahrhaft selbst zu lieben und zu akzeptieren, musst du zuerst erkennen, welche Barrieren deiner Selbstliebe im Wege stehen, und sie anschließend überwinden. Wenn du ehrlich auf dein Leben zurückblickst und daraus (Selbst-)Erkenntnisse ziehst, wird dir das mit Bravour gelingen.

Blicke auf dein bisheriges Leben zurück. Wann hast du dich das erste Mal wegen der Worte oder der Meinung anderer Leute über dich minderwertig gefühlt oder gar geschämt? Wie hast du darauf reagiert? Hast du dich verändert, um diese Gefühle zu bekämpfen? Hast du dich „verbogen" oder deine eigene Meinung geändert, um dir Unbehagen und Kritik zu ersparen? Hat sich diese Reaktion zu einem Lebensmuster entwickelt, bei dem du deine eigenen Bedürfnisse, Prioritäten und Meinungen immer hinter die anderer Menschen gestellt hast? Hat dich das glücklicher oder zufriedener gemacht?

Viele von uns sind in Familien aufgewachsen, in denen sie weder mentale und seelische Unterstützung noch bedingungslose Liebe und Akzeptanz erfahren haben. Wer dies nie erleben durfte, weiß nicht, was das bedeutet und wie es sich anfühlt. Infolgedessen lassen wir uns später in partnerschaftlichen Beziehungen schlecht behandeln oder geben klein bei, obwohl wir eigentlich gar nicht dazu stehen, aber es ist nun mal einfacher so.

Manchmal sind wir nicht in der Lage, uns selbst zu lieben, weil uns beigebracht wird, dass Selbstliebe gleich Selbstsucht ist. Wenn wir den Wünschen und Launen anderer nicht nachgeben, werden uns Schuld- oder Schamgefühle eingeredet.

Durch diese Form von psychischer Manipulation werden wir darauf konditioniert, uns selbst immer an die zweite Stelle zu setzen. Wir versinken in Negativität, ignorieren unsere Ängste und unterschätzen unsere Schwachstellen, bis wir irgendwann ausbrennen, weil wir uns keine Zeit nehmen, um neue Energie zu tanken und uns selbst liebevoll zu behandeln.

Wenn du ständig müde, verängstigt, verbittert und unterwürfig bist, woher willst du dann die Energie nehmen, etwas für andere zu tun oder eine gesunde Beziehung aufzubauen, die auf gegenseitigem Respekt und Fürsorge basiert?

Wie Selbstliebe in der Praxis aussieht

Selbst wenn du über ein hohes Selbstwertgefühl und Selbstvertrauen verfügst, ist es nicht selbstverständlich zu wissen, wie Selbstliebe in der Praxis und im Alltag aussieht. Wenn du keine Vergleichsbasis hast oder in einem nicht sonderlich liebevollen Umfeld aufgewachsen bist, kannst du dir die lebensverändernde Wirkung der Selbstliebe praktisch gar nicht vorstellen.

Dass du dich einfach nur selbst lieben musst, klingt zunächst einfach. Es jedoch auch in die Tat umzusetzen, ist viel leichter gesagt als getan.

Wie sieht Selbstliebe ganz praktisch im Alltag aus? Gibt es bestimmte Gewohnheiten, die du dir aneignen musst? Oder geht es nur darum, beispielsweise zu lernen, „Nein" zu sagen?

Es ist schwierig, sich selbst zu lieben in einer Gesellschaft, in der die Menschen besessen sind von Selfies und virtuelle Online-Persönlichkeiten erschaffen, die uns das Gefühl geben, unser eigenes Leben wäre langweilig und/oder unspektakulär. Tagtäglich werden wir mit mehr oder weniger subtilen Andeutungen bombardiert, dass wir nicht gut genug wären, dass wir nichts taugen würden, wenn wir nicht mit dem Strom schwimmen oder uns auf eine bestimmte Weise verhalten oder dieses oder jenes besitzen.

Der erste Schritt zu Selbstliebe und Selbstakzeptanz ist, zu begreifen, dass du das Glück nicht außerhalb deiner selbst finden wirst. Du kannst es nur in deinem Inneren erfahren. Einige Erlebnisse und Dinge mögen dir Freude bringen oder dein Leben in gewisser Weise verbessern, aber das alles ist nur vorübergehender Natur. Wahre, dauerhafte Zufriedenheit hingegen ist etwas, was du immer spüren wirst, weil sie auf deiner neuen Denkweise basieren und deine neuen Prioritäten widerspiegeln.

Inzwischen dürftest du begriffen haben, dass es lächerlich ist, auf Jugend oder Schönheit neidisch zu sein. Wir alle werden älter (wenn wir Glück haben!). Es ist schlichtweg unvermeidlich. Wenn du dich selbst liebst und dich in erster Linie um dich selbst kümmerst, wirst du gesünder sein und kannst anmutig alt werden. Was das Thema Schönheit angeht, so ist diese subjektiv und liegt stets im

Auge des Betrachters. Wenn du dein Aussehen oder deinen Kleidungsstil änderst, dann tue es, weil es dir guttut – und nicht, weil du damit jemand anderem gefallen willst.

Schönheitsstandards und Schönheitstrends sind vorübergehende, künstliche Maßstäbe, die meist von der Modeindustrie festgelegt werden. Ich weiß noch, dass ich als Kind meine Sommersprossen gehasst habe und dass ich deswegen oft gehänselt wurde. Für diejenigen, die es nicht wissen: Ich habe nicht nur ein paar niedliche Sommersprossen auf meiner Nase; mein ganzes Gesicht, meine Arme und meine Beine sind davon übersät.

Das führte zu Spitznamen wie „Flecki" und weiteren Spottnamen, sodass ich am liebsten einen Schleifklotz genommen und mir die Sommersprossen abgeschliffen hätte. Heute lassen sich junge Frauen Sommersprossen aufs Gesicht tätowieren. Die vollschlanke Frau von heute wurde früher „Rubensfigur" genannt und galt als Schönheitsideal. In manchen Kulturen bedeuten ein paar Kilos mehr, dass du wohlhabend genug bist, um gut zu essen.

Wenn dich etwas an deinem Aussehen stört, kann Selbstliebe auch bedeuten, etwas zu unternehmen, um das, was du nicht akzeptieren kannst, zu korrigieren. Wichtig ist dabei, was dich dazu motiviert, diese Veränderung vorzunehmen. Tust du es wirklich für dich oder weil dich jemand anderes dann hoffentlich „akzeptabler" finden wird?

Selbstliebe kann zu einem Dauerzustand werden, wenn sie täglich praktiziert wird. Das bedeutet jedoch nicht, dass dein Leben perfekt und sorgenfrei sein wird. Wenn dem so wäre, würdest du dann überhaupt leben?

Selbstliebe sollte nicht mit Selbstverliebtheit verwechselt werden. Menschen, die sich selbst lieben, üben sich in

Bescheidenheit. Sie achten auf ihren Körper, indem sie für genügend Schlaf sorgen und Sport treiben, und sie zerbrechen sich nicht den Kopf über vermeintliche Mankos. Sie stehen zu ihren Stärken und Schwächen und sind einfach sie selbst.

Du akzeptierst, dass du in mancher Hinsicht unvollkommen bist, und es ist in Ordnung, dass es so ist. Das macht dich gerade so einzigartig. Es macht dich menschlich. Indem du eine solche allumfassende Selbstliebe ausstrahlst, gestattest du auch anderen Menschen in deinem Leben, authentisch zu sein. Sie werden sich in deiner Nähe wohlfühlen und sich mit dir über deine Erfolge mitfreuen. Sie bringen dir bedingungslose Liebe und Akzeptanz entgegen, weil sie spüren, dass du diese Tugenden ausstrahlst. Anstatt sich darauf zu konzentrieren, dich zu bewerten, können sie sich in deiner Gegenwart wunderbar entspannen und einfach deine Gesellschaft genießen.

Bist du schon mal jemandem begegnet, der nicht im „traditionellen" Sinne als attraktiv oder als finanziell erfolgreich gilt, aber dennoch Erfolg und Zufriedenheit ausstrahlt? Diese Menschen sind in der Regel sehr beliebt, wo immer man sie antrifft. Potenzielle Partner stehen bei ihnen Schlange und jeder ist gern mit ihnen zusammen. Sie erfreuen sich an kleinen Dingen und sind dankbar für das, was sie haben, anstatt ständig darüber zu klagen und zu jammern, was besser sein könnte und was sie nicht haben.

Früher waren mir diese Menschen ein Rätsel. Ich dachte: Wie kann jemand glücklich sein, der Böden wischt, allein ist oder ein altes Auto fährt? Heute ist mir klar, dass Erfolg etwas sehr Individuelles ist. Diese Menschen wissen das Leben zu schätzen, weil sie mit sich selbst zufrieden sind. Menschen, die sich selbst lieben, lieben ihr Leben und wissen, dass äußere Erfolgs- oder Glückssymbole vergänglich sind. Sie haben andere Prioritäten.

Geld spielt heutzutage eine wichtige Rolle. Ja, wir alle brauchen es, um zu essen und ein Dach über dem Kopf zu haben. Aber Geld ist nicht das Wichtigste im Leben. Du kannst dir Dinge kaufen, die das Leben einfacher oder angenehmer machen, aber du kannst dir kein Glück kaufen. Dein Glück kannst du dir nur selbst aufbauen.

Der Weg zu Selbstliebe und Selbstakzeptanz

Wenn du dich in Selbstliebe übst, entwickelst du den festen Glauben daran, dass du kostbar und liebenswert bist. Du weißt, dass du nicht perfekt bist – das ist niemand –, und kannst über deine kleinen Schwächen lächeln. Mit dieser mentalen Einstellung ist es für dich ein Leichtes, mit Anmut, Selbstvertrauen und Selbstbewusstsein durchs Leben zu gehen und dich jeder Herausforderung zu stellen.

Diese innere Haltung können wir oft bei älteren Frauen beobachten. Sie haben mehr durchgemacht, als sie sich je anmerken lassen. Das Leben hat sie gelehrt, was wirklich Bedeutung hat und was nur eine leere Seifenblase ist. Die Großmutter meines Mannes ist hierfür ein fabelhaftes Beispiel. Sie hat Kriege und Hungersnöte überlebt und musste mit ansehen, wie Häuser um sie herum zerstört wurden. Sie hat den Verlust eines Mannes und zweier Kinder erlitten. Dennoch hat sie nie ihren Humor verloren und findet sogar die Kraft, über schwere Zeiten zu reden, ohne dabei in Bitterkeit zu verfallen. Ihr ausdauernder Optimismus und ihr unbesiegbarer Humor inspirieren mich jedes Mal, wenn ich mit ihr zusammen bin.

Du musst nicht darauf warten, dass das Leben dir eine harte Lektion erteilt, um wirklich zu leben. Du kannst schon heute – jetzt sofort – etwas unternehmen und die wahre Kraft der Selbstliebe in deinem Alltag erfahren.

Sei jedoch im Voraus gewarnt: Es wird nicht einfach sein, angstbasiertes Denken zu überwinden. Selbst denjenigen, die ein relativ glückliches Leben ohne dramatische Vorkommnisse hatten, fällt es schwer, bedingungslose Selbstliebe zu verinnerlichen. Wenn deine Vergangenheit außerdem von gleichgültigen Eltern, missbräuchlichen Beziehungen oder anderen Problemen geprägt ist, hast du kaum eine Vergleichsbasis.

Der erste Schritt ist, tief in deinem Inneren zu begreifen, dass du unabhängig von deinem Aussehen, deiner Vergangenheit oder deinem sozialen Status ein ganz und gar kostbarer Mensch bist, der es verdient, geliebt und respektiert zu werden.

Sobald du mit beiden Füßen fest auf dem Boden stehst und begriffen hast, dass du all das wert bist, folgen die weiteren Schritte zur Entwicklung von Selbstliebe und Selbstakzeptanz.

Akzeptiere, dass es Perfektion schlichtweg nicht gibt!

Ganz egal, ob du wie ein Model aussiehst, die Klassenbeste bist, toll singen oder nähen oder sonst etwas ganz hervorragend kannst, es wird immer jemanden geben, der attraktiver, klüger oder erfolgreicher ist als du, und das ist auch in Ordnung so. Das bedeutet nicht, dass du dich nicht weiterentwickeln oder dir nicht hohe Ziele stecken sollst. Achte jedoch darauf, dass es DEINE Wünsche und Ziele sind und nicht die anderer.

Akzeptiere, dass es Dinge gibt, die du nicht kontrollieren kannst!

Früher habe ich mir immer große Sorgen über Dinge gemacht, über die ich absolut keine Kontrolle hatte, wie zum Beispiel das Wetter oder Verkehrsstaus. Das hat weder die Tage sonnig gemacht noch hat es mir den Weg zur Arbeit erleichtert. Im Grunde genommen hat es nur zu Frustration geführt und mich innerlich aufgewühlt.

Nachdem ich gelernt hatte, alles loszulassen, was ich nicht kontrollieren kann, war ich nicht mehr so gestresst und nervös. Und ich konnte meine Konzentration und Energie endlich auf die Dinge in meinem Leben richten, die ich ändern kann. Dadurch wurde ich entspannter, fokussierter und produktiver.

Übe dich in Dankbarkeit!

Wenn du heute mit einem Dach über dem Kopf aufgewacht bist und genug zu essen hast, geht es dir bereits besser als einem großen Teil der Weltbevölkerung. Lass nicht zu, dass Luxus und Erfolg dich undankbar werden lassen oder dass du wegen vermeintlicher Defizite verbittert wirst. Sei dankbar für alles, was du jeden Tag in deinem Leben genießen darfst, ganz egal, wie unbedeutend oder selbstverständlich dir das auch vorkommen mag.

Dankbarkeit hat viele Vorteile. Zum einen gewinnst du dadurch eine neue Perspektive. Wenn du dich auf die guten Dinge in deinem Leben konzentrierst, wirken die schlechten Dinge dadurch oft geringer und unbedeutender. Dankbarkeit macht gute Laune: Indem du deine Gedanken auf positive Dinge richtest, produzierst du entsprechend positive Emotionen. Dankbarkeit hilft dir, im Hier und Jetzt zu leben. Somit wirkt Dankbarkeit stabilisierend. Überdies wirst du merken, dass wenn du dich regelmäßig in Dankbarkeit übst, dies eine Kettenreaktion auslöst, die dir noch mehr von den guten Dingen ins Leben bringt.

Ich zähle jeden Morgen die Dinge in meinem Leben auf, für die ich dankbar bin. Das gehört zu meinem täglichen Morgenritual. Einige meiner Freunde meinen, ich sei fast schon nervtötend optimistisch. In gewisser Weise stimmt das vielleicht auch. Ich versuche immer, das Leben mit der festen Überzeugung zu leben, dass alles gut gehen wird, egal welche Hindernisse sich mir in den Weg stellen. Mit dieser Einstellung bleiben mir auch viele Ängste, Frustrationen und Sorgen erspart.

Übe dich in Selbstfürsorge!

Selbstfürsorge ist der Inbegriff von Selbstliebe. Wenn du müde bist, achte darauf, dass du ausreichend Schlaf bekommst. Behandle dich selbst mit Liebe und Freundlichkeit. Gönne dir einen Wellnesstag. Iss ab und zu etwas, was lecker, aber nicht besonders gesund ist. Vergib dir selbst, wenn du einen Fehler machst.

Achte auf deine Gefühle!

Es gibt keine „guten" oder „schlechten" Emotionen. Manche Emotionen sind zwar negativ, aber sie zu verdrängen oder sie nicht wahrhaben zu wollen, ist ungesund. (An-)Erkenne deine Gefühle, achte darauf, wodurch sie hervorgerufen werden, und lerne dann, sie loszulassen.

Wenn du traurig bist, gestatte dir, deine Traurigkeit zu durchleiden, und mache dann weiter. Wenn du wegen irgendetwas wütend bist, versuche herauszufinden, warum du wütend bist, und drücke es dann auf eine konstruktive Art und Weise aus. Wenn du fröhlich bist, schäme dich nicht, deine Freude auszustrahlen.

Stelle dich deinen negativen Gedanken und betrachte sie aus einer anderen Perspektive!

Niemand kann die ganze Zeit zu 100 % optimistisch sein. Genauso wie du negative Emotionen akzeptieren solltest, genauso solltest du dich auch deinen negativen Gedanken und Denkmustern stellen. Anstatt in ihnen zu versinken und sie destruktiv werden zu lassen, solltest du sie analysieren und relativieren.

Das erfordert etwas Übung, denn alte Gewohnheiten lassen sich nur schwer ablegen. Frage dich einfach: „Ist dieser Gedanke wahr und korrekt, oder ist er nur ein Produkt meiner Konditionierung? Bringt es mir etwas, wenn ich weiterhin so denke, oder ist das eher kontraproduktiv?"

Sobald du deine negativen Gedanken in die richtige Perspektive gerückt hast, neutralisiere sie, indem du sie durch positive, liebevolle Gedanken ersetzt.

Vergiss nicht, wer du bist!

Am schnellsten verliert man sich, wenn man vergisst, wer man ist und was man eigentlich aus sich machen wollte. Versuche immer, deinen Werten und Idealen treu zu bleiben, und entschuldige dich nicht für deine Grundwerte. Je weiter du von den Dingen wegdriftest, die dir wichtig sind, desto länger ist der Weg zurück zu deinem wahren Kern.

Halte deinen Freundeskreis klein!

Manche von uns sind der Meinung, dass man einen Menschen an der Größe seines Freundeskreises misst. Die meisten Prominenten sagen, dass sie sich die meiste Zeit über isoliert und allein fühlen.

Vielleicht hast du 500 Leute auf deiner Freundesliste oder Tausende von Followers auf Instagram, aber wie viele von diesen Menschen kennst du wirklich? Wie viele von ihnen schätzen dich als Person oder tragen auf irgendeine bedeutsame Weise zu deinem Leben bei? Ich würde lieber ein paar echte Freunde haben, denen ich wirklich etwas bedeute, als eine Horde von „Bewunderern", die mich nicht einmal bei einer polizeilichen Gegenüberstellung erkennen könnten, wenn sie es müssten.

Bilde dich kontinuierlich fort!

Du musst nicht unbedingt einen akademischen Abschluss oder eine hochkarätige Ausbildung haben, um gebildet zu sein. Wenn du offen und aufgeschlossen bist und versuchst, jeden Tag etwas Neues zu lernen, wirst du deinen Horizont erweitern und mehr Optionen in deinem Leben haben.

Lache jeden Tag!

Nicht alles im Leben gibt uns Anlass zum Lachen, aber herzhaftes Lachen macht gute Laune und bringt die Gehirnchemie ins Gleichgewicht. Probleme wirken nur noch halb so schlimm, wenn du lernst, sie mit Humor zu nehmen. Wie oft hast du schon einen Freund angeschaut und gesagt: „Eines Tages werden wir darüber lachen."?

Vergiss nicht: Wir alle sind nur Menschen mit den gleichen biologischen Funktionen. Wir alle haben unsere Stärken und unsere Schwächen. Das bedeutet nicht, dass wir nicht an uns arbeiten und uns nicht weiterentwickeln sollen. Es bedeutet, dass du dich auflockern und lernen sollst, über dich selbst zu lachen, wenn dir mal ein Fehler unterläuft, anstatt dich zu schämen oder dich bloßgestellt zu fühlen.

Ich versuche, jeden Morgen etwas zu lesen oder mir etwas anzuschauen, was mich zum Lachen bringt, und ich gehe nie wütend oder schlecht gelaunt ins Bett. Das Leben ist einfach schöner und erträglicher, wenn man darüber lachen kann.

Da du nun über ein solides Grundwissen verfügst und sicherlich auch einen ersten Hauch der Selbstliebe gespürt hast, ist es nun an der Zeit, dies praktisch zu nutzen und dir das Leben deiner Träume aufzubauen.

LEBE DAS LEBEN DEINER TRÄUME

Als ich damals zu meiner Cousine nach Radolfzell zog, war ich ein totales Wrack. In den ersten Wochen lief ich wie in Trance durch die Gegend, abgeschnitten von meinen Gefühlen und ohne einen blassen Schimmer, was ich mit meinem Leben anfangen sollte. Ich hatte mich schon so lange nicht mehr frei durch die Welt bewegen und meine Gedanken und Gefühle ohne Selbstzensur ausdrücken können, dass ich mich jetzt unbeholfen fühlte und nicht in der Lage war, mit anderen Erwachsenen auch nur halbwegs intelligent und vernünftig zu kommunizieren.

Ich war nicht mehr ich selbst, hatte Selbstzweifel und machte mir beim Umgang mit anderen viel zu viele Gedanken. Mein Selbstwertgefühl und mein Selbstvertrauen waren im Keller.

Als ich versuchte, die Gunst der Menschen um mich herum zu gewinnen, machte ich einen verheerenden Fehler: Ich fing an zu backen.

Normalerweise ist das etwas ganz Wundervolles, es sei denn, du machst gerade eine Schlankheitsdiät. Der Duft von Gebäck erinnert uns an Heim und Herd, Gemütlichkeit und Geborgenheit. Für mich sind Kochen und Backen auch Bewältigungsmechanismen. Wann immer ich gestresst bin oder über irgendetwas nachdenken muss, backe ich.

Also backte ich einen ganzen Berg Brötchen nach einem alten Familienrezept und verschenkte sie an Leute, die in der Nähe meiner Cousine wohnten. Außerdem backte ich ein halbes Dutzend Brötchen für meine neuen Mitarbeiter und Kunden im Restaurant.

Die Brötchen kamen sehr gut an. Sie waren in meinem neuen und wachsenden Bekanntenkreis genauso beliebt wie damals zu Hause, wo ich sie immer zu Feiertagen gebacken und verschenkt hatte.

Mission erfüllt, Ziel erreicht?

Kurz nachdem ich diese süßen Früchte- und Nussbrötchen zum ersten Mal verschenkt hatte, geschah etwas Seltsames. Sie wurden so beliebt, dass mich die Leute, die sie von mir bekommen hatten, baten, sie für verschiedene Anlässe oder manchmal auch einfach nur so zu backen.

Wäre ich klüger gewesen, hätte ich eine Bäckerei eröffnet oder die Brötchen auf Kommission über das Restaurant verkauft. Alma und Yiannis waren jedenfalls von dieser Idee begeistert.

Aber ich wollte keinen Profit daraus schlagen. Ich wollte einfach nur, dass die Leute mich mochten und mich als freundlich und generös ansahen.

Was zunächst als freundliche Geste gedacht war, die es mir erleichtern sollte, neue Leute kennenzulernen, entwickelte sich bald zu einem unbezahlten Nebenjob, der beinahe zu meinem einzigen Lebensinhalt geworden wäre und mir meine gesamte Freizeit geraubt hätte. Aus „Mögen" wurde bald „Verlangen". Zu Hause und auf der Arbeit wurde ich von Leuten bestürmt, die diese Brötchen haben wollten. Es war unglaublich.

Anfangs bedankte ich mich höflich für die netten Komplimente, wie gut ihnen meine Brötchen schmeckten, und die ersten paar Bitten, noch mehr davon haben zu wollen, kamen oft mit den Worten: „Ich weiß, dass du wahrscheinlich viel zu tun hast, aber könntest du vielleicht nur ein paar für meinen Sonntagsbrunch backen?" Das war in Ordnung, wenn es nur „ein paar" waren. Wenn mich jemand dafür bezahlen wollte, lehnte ich das immer mit den Worten ab: „Aber nein, das ist nicht nötig. Es freut mich, dass es dir geschmeckt hat."

Schon bald führten diese süßen Brötchen dazu, dass meine Nerven bis zum Zerreißen gespannt waren. Manchmal musste ich die ganze Nacht backen, nur weil ich es nicht fertigbrachte, Nein zu sagen. Wenn ich dann doch mal den Mut fand, auch nur vorsichtig anzudeuten, dass ich vielleicht keine Zeit dafür haben würde, stieß ich auf unverhohlene Missgunst.

So gingen meine ersten Versuche, neue Leute kennenzulernen, nach hinten los. Anstatt mich zu freuen, wenn ich draußen einer meiner neuen Bekanntschaften begegnete, fing ich an, diesen Menschen aus dem Weg zu gehen. Die Leute, die uns zu Hause besuchten, waren nur selten meinetwegen da. Sie wollten Brötchen.

Irgendwann schlug meine Cousine mit der Faust auf den Tisch und setzte diesem Wahnsinn ein Ende. Im Gegensatz zu mir scheute sie sich nicht davor, die Leute dadurch möglicherweise vor den Kopf zu stoßen.

Darüber hinaus ärgerte sie sich mehr und mehr darüber, dass die Leute uns unsere Zeit stahlen (wir hatten so gut wie keine Privatsphäre mehr), ganz zu schweigen von dem Verschleiß ihres Ofens und den steigenden Stromrechnungen aufgrund der ständigen Benutzung. Hinzu kam noch, dass uns ständig Mehl und Zucker fehlten, weil ich diese Lebensmittel schneller verbrauchte, als ich sie nachkaufen konnte.

„Hör zu", sagte sie eines Tages zu mir, „diese Leute nutzen deine Freundlichkeit aus. Du musst lernen, Grenzen zu setzen."

Wie oft hast du andere Menschen schon auf dir herumtrampeln lassen, nur um Konflikte zu vermeiden oder um ihnen nicht auf die Füße zu treten? Hat es dir je etwas gebracht, es immer allen anderen recht zu machen? Wahrscheinlich hat es nur zu verstecktem Zorn und Frustration geführt, dein Selbstwertgefühl geschwächt und deine Beziehungen beeinträchtigt.

Warum es wichtig ist, Grenzen zu setzen

Wenn du keine Grenzen setzt, vermittelst du anderen indirekt, wie sie dich behandeln dürfen und wie weit sie es mit dir treiben können. Anstatt die Menschen dazu zu bringen, dich mehr zu mögen, demonstrierst du ein geringes Selbstwertgefühl und einen Mangel an Selbstachtung.

Wenn du dich selbst nicht respektierst, wie kannst du dann von anderen Respekt erwarten?

Selbstachtung führt zu Selbstvertrauen. Wenn du selbstbewusst bist, bist du durchsetzungsfähiger, egal was du tust. Du zeigst den Leuten, dass deine Zeit und deine Aufmerksamkeit etwas Kostbares sind. Du zeigst ihnen, dass du ein wertvoller Mensch bist, der nicht umsonst zu haben ist. Du bringst sie dazu, sich mehr Mühe zu geben, wenn sie ein Teil deines Lebens sein wollen.

Die meisten Menschen möchten mit wertvollen Dingen in Verbindung gebracht werden, egal ob es sich dabei um Menschen oder materielle Dinge handelt, weil sie dadurch ein positives Selbstbild entwickeln. Menschen wollen sich gut fühlen, und wenn man mit positiven Menschen zusammen ist, die sich selbst zu schätzen wissen, fühlt man sich dadurch besser.

Abgesehen davon, dass es dein Selbstwertgefühl steigert, wirken sich genau festgelegte und artikulierte Grenzen auf jeden Bereich deines Lebens positiv aus. Du wirst merken, dass sich die herablassende Haltung und das respektlose Verhalten anderer Menschen dir gegenüber in Wertschätzung und Respekt verwandeln werden.

Wenn du Durchsetzungsvermögen und Selbstvertrauen im Umgang mit anderen demonstrierst, wirst du merken, dass deine eigenen Bedürfnisse leichter erfüllt werden. Die Menschen werden dich besser behandeln und deine Zeit zu schätzen wissen. So bleibt dir mehr Zeit für die Menschen und Dinge in deinem Leben, die dir Freude bereiten. Außerdem kannst du dir den Luxus gönnen, dich selbst zu verwöhnen und neue Energie zu tanken.

Wenn du Grenzen setzt, eliminierst du missbräuchliche oder rücksichtslose Menschen aus deinem Leben und befreist dich von verbalem und emotionalem Missbrauch.

Die Menschen werden nicht mehr das Gefühl haben, dich ohne Weiteres manipulieren oder deine Freundlichkeit ausnutzen zu können. Dadurch wirst du auch nicht mehr so viel Groll und Scham empfinden, darüber, dass du andere auf dir hast herumtrampeln lassen. Und du wirst nicht mehr ständig voller Selbstzweifel deine eigenen Entscheidungen hinterfragen.

Wäre es nicht fantastisch, die Dinge, Menschen und Gefühle einfach loszulassen, die dich runterziehen? Stell dir einmal ein Leben vor, in dem du das tust, was dich glücklich und zufrieden macht, egal ob allein oder mit anderen Menschen, die dieselben Ansichten, Denkweisen und Werte haben wie du.

Wie du in allen deinen Beziehungen Grenzen setzt

Du kannst dir nicht immer alle Umstände in deinem Leben aussuchen. Genauso wenig kannst du kontrollieren, wie sich andere Menschen verhalten. Aber du kannst selbst bestimmen, wie du darauf reagierst und was du zu tolerieren bereit bist.

Vielleicht hast du Angst davor, dass gewisse Grenzen dein Leben und deine Optionen einschränken werden. Die Wahrheit ist jedoch: Anstatt DICH SELBST einzuschränken, siebst du mit solchen Grenzen die Menschen und die Dinge aus, die deine Zeit und deine Aufmerksamkeit verschwenden. Das verleiht dir die Freiheit und die Fähigkeit, in allen deinen Beziehungen authentischer zu sein und die richtigen Menschen sowie die richtigen Umstände in deinem Leben anzuziehen.

Du bist in der Lage, konstruktiv mit Schwierigkeiten umzugehen und dein Leben entschlossen und ohne Schuldgefühle selbst in die Hand zu nehmen. Du setzt zwar Grenzen, aber dabei handelt es sich um Grenzen gegen Missbrauch und Negativität. Dagegen grenzt du dich ab.

Wenn du Grenzen setzt, kannst du deine Emotionen ausleben und ausdrücken, ohne die Verantwortung für die Gefühle und das Verhalten anderer Menschen zu übernehmen. Das gilt für alle Bereiche deines Lebens und für alle deine Beziehungen.

Es gibt drei Arten von Grenzen, die du setzen musst, um das Leben deiner Träume zu leben: mentale Grenzen, emotionale Grenzen und körperliche Grenzen.

Mentale Grenzen sind die Grenzen, die du dir selbst auferlegst. Das bedeutet, dass du negative Selbstgespräche reduzierst und dir deiner eigenen Wünsche, Bedürfnisse und Ansichten bewusst wirst. Wenn du mentale Grenzen setzt, die eine positive Denkweise fördern, wirst du im Umgang mit anderen selbstbewusst und authentisch sein.

Emotionale Grenzen beeinflussen deine Gefühle und die Entscheidungen, die du triffst. Dazu gehört die Art und Weise, wie du auf bestimmte Situationen und Menschen in deinem Leben reagierst, sowie das Verhalten, das du von anderen tolerierst. Indem du emotionale Grenzen setzt, zeigst du Respekt für dich selbst und für andere.

Durch emotionale Grenzen lassen sich zum Beispiel auch angespannte Situationen entschärfen, indem du Gelassenheit ausstrahlst. Wenn jemand anderes ausrastet, dann versuche, ruhig zu bleiben und einen kühlen Kopf zu bewahren. Überlege, wie du eine brisante Situation schlichten und dafür sorgen kannst, dass wieder Ruhe und Frieden einkehrt.

Körperliche Grenzen lassen sich am einfachsten bestimmen und festlegen. Damit meine ich natürlich keine richtigen Mauern oder verschlossene Türen. Bei dieser Art von Grenzen geht es darum, nicht zuzulassen, dass Menschen in deinen persönlichen Raum eindringen und ihn verletzen. Wenn jemand wütend ist und auf aggressive Weise auf dich zugeht, kannst du eine körperliche Grenze setzen, indem du die Hand hebst, um ihn zu stoppen, oder einen Schritt zurücktrittst und so ein nonverbales Signal gibst, dass du dich von seinem Verhalten nicht einschüchtern lässt.

Indem du einen Schritt zurücktrittst und dich ruhig und souverän statt aggressiv verhältst, veränderst du damit die Atmosphäre und gibst dem anderen somit die Möglichkeit, sich wieder einzukriegen. Statt noch aggressiver zu werden, wird er eher zur Vernunft kommen. Dadurch erhöht sich die Wahrscheinlichkeit einer gemeinsamen Lösungsfindung. Andernfalls werden Maßnahmen oder Entscheidungen verzögert, bis der andere wieder klar denken kann.

Wer Grenzen setzt und sie auch einhält, entwickelt ein höheres Selbstbewusstsein.

Wichtig: Grenzen sollten rational (nicht etwa willkürlich oder zwanghaft) sein und konsequent eingehalten werden. Wer irrationale Grenzen setzt, wird nicht ernst genommen.

Nimm dir die Zeit, um über deine Grundwerte, Überzeugungen und Wünsche nachzudenken. Achte auf deine Gefühle und auf deine körperlichen Reaktionen in verschiedenen Situationen. Schon bald wirst du in der Lage sein, zu erkennen, was dir besonders wichtig ist und in welchen Situationen dir ein bisschen mehr Flexibilität guttun würde.

Dadurch wirst du klare Grenzen für dich selbst setzen können. Und du wirst auch die Grenzen, Ansichten und Überzeugungen anderer besser respektieren können. Du wirst lernen, ohne Schuldgefühle „Nein" zu sagen, und das „Nein" anderer leichter akzeptieren können.

Indem du die folgenden fünf Schritte befolgst, wird es dir leichterfallen herauszufinden, was für dich wichtig ist. Nutze diese Erkenntnisse, um positive Grenzen zu setzen.

1. Führe ein Tagebuch. Schriftsteller sprechen oft davon, dass erst die Niederschrift ihrer Gedanken deren Existenz offenbaren. Das funktioniert auch bei Menschen, die keine Schriftsteller sind, das kann dir jedes Mädchen bestätigen, das jemals ein Tagebuch geführt hat. Wenn du deine Gefühle aufschreibst, hast du einen sicheren Rückzugsort, an dem du deine Emotionen ausleben kannst.

Bei dieser Art von Tagebuch geht es jedoch darum, eine gesunde Selbstachtung zu entwickeln. Betrachte es als eine Art Scorekarte, in der du alle Momente festhältst und verfolgst, in denen du nicht gut auf dich selbst geachtet hast oder in denen du dich von anderen hast schlecht behandeln lassen. Achte dabei auf die Umstände, deine eigene Denkweise und deine Emotionen in der jeweiligen Situation. Dadurch kannst du leichter Muster und Auslöser erkennen, um sie künftig zu meiden oder zu lernen, besser damit umzugehen.

2. Werde dir über deine Grundwerte und Überzeugungen klar. Diese werden uns oft von unserer Familie und der Gesellschaft eingetrichtert, aber nicht alle Grundwerte und Überzeugungen sind positiv. An welchen Werten hältst du immer noch fest? Welche negativen Überzeugungen schränken dich ein oder schaden dir und/oder anderen? Analysiere den Kern dieser Überzeugungen, ob positiv oder negativ, um jene zu ändern oder loszulassen, die dir nichts mehr bringen.

3. Mache deine eigenen Emotionen und deine Selbstfürsorge zu deiner obersten Priorität. Dies wird oft mit

Egoismus verwechselt. Möglicherweise werfen dir andere sogar vor, egozentrisch oder rücksichtslos zu sein.

Dich um dich selbst zu kümmern und zu erkennen, dass deine eigenen Gefühle und Wünsche genauso wichtig sind wie die eines anderen Menschen, ist der erste Schritt in Richtung Selbstachtung. Wenn du permanent den Wünschen und Forderungen anderer Menschen nachgibst, führt das zu all den negativen Konsequenzen, die auch dann eintreten, wenn du keine Grenzen setzt.

Selbstfürsorge und Selbstachtung verleihen dir die Kraft, psychisch wie physisch, dich auch um andere zu kümmern und sie zu respektieren. Du bist in der Lage, selbstlos zu sein, ohne dich dabei selbst zu verlieren.

4. Mach dich nicht selbst runter. Selbsterniedrigung ist nicht dasselbe wie Demut. Wenn du dich selbst erniedrigst, förderst du negative Selbstgespräche, die dein Selbstvertrauen zerstören und es anderen Menschen ermöglichen, dich auszunutzen. Denke daran: So wie du denkst, so wirst du sein. Wenn du dich selbst runtermachst, werden negative Emotionen verstärkt und dein Selbstwertgefühl wird beeinträchtigt.

Wenn du mit deinem Aussehen oder etwas anderem an dir selbst nicht zufrieden bist, gibt es Möglichkeiten, das zu ändern. Tu es aber für dich selbst und nicht, weil du denkst oder hoffst, dass dich jemand anderes dadurch eher akzeptieren wird. Allem voran solltest du dich selbst mit der Liebe, dem Respekt und der Freundlichkeit behandeln, die du auch jedem anderen Menschen entgegenbringen würdest, der dir etwas bedeutet. Negativität und Missbrauch haben in deinem Leben keinen Platz.

5. Freundlichkeit und Respekt: Gehe mit gutem Beispiel voran! Mit deinem eigenen Verhalten zeigst du anderen, was für ein Mensch du bist und welches Verhalten du (nicht) tolerierst. Wenn du freundlich zu anderen bist, wirst du Freundlichkeit ernten. Wenn du jemandem respektvoll gegenübertrittst, selbst wenn du anderer Meinung bist, wird ihn das animieren, dir ebenfalls respektvoll entgegenzutreten.

Sobald du weißt, wie man ein gesundes Selbstbewusstsein entwickelt und Grenzen setzt, kannst du diese Erkenntnisse in allen deinen Beziehungen einsetzen.

Wie du in Liebesbeziehungen Grenzen setzt

Die meisten von uns wissen vermutlich, wie schnell man sich in eine Liebesbeziehung „verrennen" kann. In der berüchtigten Flitterwochenphase wollen wir am liebsten jeden Augenblick mit unserer neuen Flamme verbringen. Wir sind wie berauscht und wollen so viel wie möglich über unseren neuen Partner erfahren.

In der Tat gehen viele Beziehungen zu Ende, wenn die Flitterwochenphase vorbei ist und die Realität uns einholt. Nur wer selbstbewusst und emotional reif ist, kann diese Veränderungen überstehen und eine Partnerschaft aufbauen, die sich weiterentwickelt.

Oft haben wir Angst davor, in Liebesbeziehungen Grenzen zu setzen, weil es uns an Selbstwertgefühl und Selbstbewusstsein fehlt. Aber jeder braucht ab und zu ein bisschen persönlichen Freiraum. Bevor wir Mr. oder Mrs. Wundervoll getroffen haben, hatten die meisten von uns jede Menge Hobbys und Interessen, haben viel Zeit in ihren Job investiert und Zeit mit Freunden und Familie verbracht.

Gesunde Beziehungen lassen einander genügend Freiraum für verschiedene Interessen und akzeptieren unterschiedliche Vorstellungen. Ein selbstbewusster Mensch hat weder das Bedürfnis, einem anderen seine Ansichten aufzuzwingen, noch fürchtet er sich davor, seine klare Meinung zu einem bestimmten Thema zu äußern. Es geht darum, herauszufinden, was dir am wichtigsten ist, und standhaft zu bleiben, aber auch darum, flexibel zu sein und die Perspektive anderer Menschen zu respektieren.

Mit anderen Worten: Manche Konflikte sind schlechtweg sinnlos. Unterschiedliche Eissorten zu mögen, ist kein Trennungsgrund, Missbrauch hingegen schon. Wenn der eine Partner ein Morgenmensch ist und der andere ein Morgenmuffel, dann müssen die Partner sich zwar erst daran gewöhnen, aber man muss sich deswegen nicht gleich streiten oder gar trennen.

Bei Eifersucht, Gewalt, Respektlosigkeit, Herrschsucht oder anderen Verhaltensweisen, die deinen Grundwerten zuwiderlaufen, aber schon.

Habe genug Selbstbewusstsein, um klar und deutlich zu äußern, was dir in einer Beziehung passt und was nicht. Wenn du zum Beispiel mal ein paar Tage für dich selbst brauchst oder etwas Zeit mit deinen Freunden verbringen möchtest, dann sag das. Wenn du mehr Hilfe im Haushalt brauchst oder die Aufgaben und Verantwortlichkeiten rund um die Kindererziehung ungleich verteilt sind, versuche, eine Lösung zu finden, bei der die Bedürfnisse und Fähigkeiten aller Beteiligten respektiert und miteinander in Einklang gebracht werden.

Genauso wichtig ist es, dass auch du deinem Partner seine Freiräume einräumst. Indem dein Partner dir Zeit für dich selbst gestattet, hat auch er mehr Zeit für sich selbst zur

Verfügung, zum Beispiel um sich mit seinem Lieblingshobby zu beschäftigen oder um sich mit Freunden zu treffen, die er schon lange nicht mehr gesehen hat. So kann jeder von euch neue Kraft tanken, was euch dann wiederum mehr Energie für eure gemeinsame Zeit verleihen wird.

Gute, solide Beziehungen können schwierige Zeiten überstehen und dadurch sogar noch stärker werden. Wenn du hingegen mit jemandem zusammen bist, der nicht der Richtige für dich ist, dann kann schon eine Kleinigkeit den Dritten Weltkrieg auslösen.

Sag gleich zu Beginn der Beziehung klar und deutlich, was du erwartest. Dadurch wird es einfacher sein, die von dir festgelegten Grenzen zu verstehen und sie zu respektieren. Sag deinem Partner, welche Art von Verhalten du nicht tolerierst, wie zum Beispiel Unehrlichkeit oder Gebrüll, und halte dich daran, falls es zu einem solchen Verhalten kommt. Wenn dich jemand anschreit, dann habe keine Angst zu sagen: „Ich will nichts mit dir zu tun haben, solange du dich so verhältst", und gehe einfach.

Ein weiterer potenzieller Problembereich ist Sex. Nicht jeder hat den gleichen Sexualtrieb oder die gleichen Bedürfnisse. Es ist wichtig, miteinander kompatibel zu sein, und es kann nicht schaden, mit dem Partner zu experimentieren oder neue Dinge auszuprobieren. Aber du solltest ihm auch sagen, was du magst und welche Grenzen du nicht überschreiten möchtest. Demütigendes Verhalten, Dinge, die du nicht magst oder die dir unangenehm sind, oder irgendwelche anderen Sexpraktiken, die nicht einvernehmlich erfolgen, sind absolut tabu.

Folgende Schritte werden dir helfen, Missverständnisse in Beziehungen zu vermeiden:

1. Setze klare Grenzen und äußere deine Bedürfnisse. Wenn du Hilfe beim Abwasch brauchst oder wenn du willst, dass dein Partner dich anruft, wenn er sich verspätet, dann sag das klar und deutlich.

2. Mach es kurz und knapp. Erkläre die Dinge nicht zu weitschweifig und tritt nicht „lehrmeisterhaft" auf.

3. Halte dich „konsequent" an deine „Konsequenzen". Wenn du ein bestimmtes Verhalten nicht tolerierst und das deinem Partner klar und deutlich mitteilst, solltest du auch die Konsequenzen für dieses Verhalten genau festlegen und dich dann auch konsequent daran halten.

Wichtig ist, dass du das, was du von deinem Partner erwartest, natürlich auch selbst einhältst. Es wäre zynisch, wenn du von deinem Partner Ehrlichkeit erwartest und im Gegenzug ihm gegenüber nicht genauso ehrlich bist. Wenn du respektvoll behandelt werden willst, behandle den anderen ebenso respektvoll. Desgleichen solltest du bereit sein, dem anderen zuzuhören und seine Meinung zu respektieren, genauso wie du es dir von ihm wünschst.

Sende vorwiegend „Ich-Botschaften" statt „Du-Botschaften". Bei „Du-Botschaften" besteht schnell die Gefahr, dass diese als Kritik aufgefasst werden. Anstatt zum Beispiel deinem Partner zu sagen, dass er dich nervt, wenn er dich direkt nach der Arbeit anruft oder dir schreibt, solltest du ihm besser sagen, dass du nach einem anstrengenden Tag erst einmal Zeit für dich brauchst, um dich zu entspannen und dich etwas auszuruhen, um dann seine Gesellschaft umso mehr genießen zu können.

Wie du am Arbeitsplatz Grenzen setzt

Wenn du bei der Arbeit gesunde Grenzen setzt, trägt das vor allem zu einer gesunden Work-Life-Balance bei. Wenn du zulässt, dass dein Job zu deinem einzigen Lebensinhalt wird, wirst du zunehmend frustriert werden.

Anfangs übernimmst du vielleicht gerne ein paar Extraaufgaben oder springst für einen Kollegen ein. Viele denken, dass man dadurch beruflich vorankommt. Allerdings neigen Menschen dazu, Leute, die es anderen immer recht machen wollen oder ihre eigenen Bedürfnisse hintanstellen, auszunutzen. Sie werden dir zwar ihren Dank aussprechen, aber tief in ihrem Inneren halten sie dich vielleicht für ein Weichei mit Minderwertigkeitskomplexen.

Sofern es sich nicht um Menschen mit narzisstischer Persönlichkeitsstörung handelt, werden sich deine Kollegen oder dein Chef anfangs schlecht fühlen, weil sie dich ausgenutzt haben, aber diese Schuldgefühle werden sich zu einer negativen Einstellung dir gegenüber entwickeln, wenn du dich weiterhin so behandeln lässt.

Wenn du keine Grenzen am Arbeitsplatz setzt, wirst du früher oder später einen Burn-out erleiden. Wenn du allen anderen zur Hand gehst, wirst du weniger Zeit für deine eigenen Aufgaben haben. Schon bald werden sich Frust und Verbitterung in dein Leben einschleichen. Du fühlst dich permanent schlapp, und selbst die Arbeit, die dir früher Spaß gemacht hat, wird zu einer lästigen Pflicht.

Wenn du aber Grenzen setzt, hast du die Zeit und die Energie, um deinen eigenen Pflichten nachzukommen, und verfügst gleichzeitig über Ressourcen, um für diejenigen da zu sein, die dich wirklich brauchen.

Wie setzt man Grenzen am Arbeitsplatz?

In manchen Berufen sind Grenzen erforderlich, um Distanz und Objektivität zu wahren. So setzen zum Beispiel Lehrer Grenzen, indem sie ihr Privat- und Berufsleben voneinander trennen. Therapeuten müssen oft klare Grenzen setzen, um in ihrer Analyse objektiv zu sein und Patienten effektiver helfen zu können.

Grenzsetzung ist in jedem Beruf wichtig. Bringe weder deine persönlichen Probleme mit zur Arbeit noch Probleme im Job mit nach Hause. Widerstehe dem Drang, mit Kollegen oder Chefs in sozialen Netzwerken zu kommunizieren und reduziere persönliche Informationen, die du in der Öffentlichkeit oder auf irgendwelchen Onlineplattformen preisgibst, auf ein Minimum.

Das bedeutet jedoch nicht, dass du dich nicht mit deinen Kollegen, Chefs oder Kunden auch mal locker unterhalten kannst. Außerdem ist es wichtig, offen über bestimmte Aspekte deines Lebens zu sprechen, wenn diese deine Arbeitsleistung beeinträchtigen, wie zum Beispiel eine schwere Krankheit oder ein anderes wichtiges Lebensereignis. Du solltest aber einen gewissen Abstand zwischen deinem privaten und deinem beruflichen Leben schaffen. Niemand, mit dem du beruflich zu tun hast, muss von deinem turbulenten Wochenende, deinen Problemen mit deinem Ehepartner oder Details über dein Sexleben erfahren. Derartige Informationen preiszugeben, ist nicht nur unprofessionell, sondern könnte sogar deiner Karriere schaden.

Wie du privat und in deinem Familienleben Grenzen setzt

Dies ist wahrscheinlich der schwierigste Bereich bei der Grenzsetzung. Du kannst dir deinen Job, deine Freunde und deinen Partner aussuchen, aber du kannst dir nicht aussuchen, in welche Familie du hineingeboren oder von wem du adoptiert wirst. Manche Menschen müssen die äußerst schwierige Entscheidung treffen, toxische Menschen entweder ganz aus ihrem Leben zu streichen oder zumindest den Kontakt mit ihnen auf ein Minimum zu reduzieren, und eine neue Familie nach ihren eigenen Vorstellungen gründen.

Sofern dein engster Familienkreis nicht extrem toxisch ist oder Gewalt im Spiel ist, werden gesunde Grenzen dich und deine Familie näher zusammenbringen und die gemeinsame Zeit angenehmer machen. Wenn ein Familienmitglied oder die ganze Familie das Problem abstreitet oder sich dagegen sperrt, dieses anzusprechen und etwas dagegen zu unternehmen, kann eine Therapie helfen. Von entfernten Verwandten kann man sich auch ganz fernhalten, wenn eine Therapie oder Grenzsetzung nicht möglich oder unerwünscht ist.

Aber was tust du, wenn du deine Eltern liebst, ihr toxisches Verhalten dich jedoch kaputtmacht und es keine Lösung ist, sich gegenseitig zu verstoßen? Setze Grenzen und lege klare Konsequenzen fest für den Fall, dass diese Grenzen überschritten werden.

Zuallererst musst du dir der Wichtigkeit deiner Gefühle und deiner Lebenszeit bewusst werden. Du hast die Freiheit, dir auszusuchen, mit wem du deine Zeit verbringen möchtest und wie oft. Wenn deine Mutter dich ständig kritisiert, scheue dich nicht, ihr zu sagen, wie toxisch ihr

Verhalten ist und wie du dich dabei fühlst. Sag ihr klar und deutlich, dass du sofort auflegen oder zur Tür gehen wirst, wenn sie anfängt, dich wegen deines Jobs, deines Aussehens oder irgendeines anderen Aspekts deines Lebens, für den du nichts kannst oder der sie nichts angeht, zu beschimpfen.

Du musst wissen, welche Verhaltensweisen sich negativ auf dich auswirken und unter welchen Umständen sie zu erwarten sind, und diese Umstände meiden. Wenn du zum Beispiel weißt, dass dein Onkel bei der Familienfeier zu viel trinken und Dinge sagen wird, die dich stören, dann überlege dir für solche Situationen etwas anderes.

Wenn es dir schwerfällt, Nein zu sagen oder Grenzen im Umgang mit Familienmitgliedern zu setzen, fang klein an. Wenn du kleine Dinge ablehnst oder in weniger kritischen Situationen für dich einstehst, übst du, Nein zu sagen, und entwickelst das nötige Selbstvertrauen, um dann auch größere Probleme anzusprechen. Außerdem können sich deine Familienmitglieder oder Freunde so an dein neues, selbstbewusstes Ich gewöhnen.

Mach dich auf eine Gegenreaktion gefasst

Du kannst deine Denk- und Verhaltensweise nicht ändern, ohne dass es zu einer gewissen Gegenreaktion oder Widerstand kommen wird. Menschen, die es gewohnt sind, dich herumzukommandieren, werden sich nicht darüber freuen. Einige deiner Familienmitglieder oder Arbeitskollegen werden dich vielleicht als egoistisch abstempeln. Du wirst hier und da jemandem auf den Schlips treten, Ärger verursachen und dich gegen diejenigen wehren müssen, welche die absolute Kontrolle über dich erlangen wollen. Vielleicht wirst du sogar einige Kontakte verlieren.

Denke daran: Jeder, der den Kontakt zu dir abbricht oder dich feuert, nur weil du dich nicht mehr herumkommandieren lässt, gehört zu den Leuten, ohne die du sowieso besser dran bist.

Ihnen wird schon nichts passieren, und dir auch nicht. Dein Narzisst wird jemand anderen finden, den er misshandeln kann, dein überheblicher Chef wird sich einen neuen Lakaien suchen und deine herrschsüchtigen Eltern oder Freunde werden jemand anderen finden, auf dem sie herumhacken können, wenn du nicht mehr so gehorsam und tolerant gegenüber ihrem Verhalten bist.

Die Menschen, die dir wichtig sind und die dich wirklich so lieben, wie du bist, mit all deinen Fehlern und Schwächen, werden nach wie vor für dich da sein. Vielleicht wirst du sie sogar dazu inspirieren, ihr eigenes Verhalten zu ändern. Außerdem wirst du mehr positive Menschen und Umstände in deinem Leben anziehen.

Deine Liebesbeziehungen werden besser und glücklicher sein, wenn sie auf gegenseitigem Respekt und Gleichberechtigung basieren. Deine Arbeit wird dir viel mehr Spaß machen, wenn eine respektvolle Atmosphäre am Arbeitsplatz herrscht, und du wirst dadurch produktiver sein. Deine Freunde werden dich viel mehr zu schätzen wissen. Und du wirst sogar deine eigene Gesellschaft mehr genießen und dich nicht länger einsam und hilflos fühlen.

In einer gesunden Beziehung ruhst du in dir selbst. Du produzierst das Glück aus dir selbst heraus. Eine ungesunde Partnerschaft entsteht, wenn du darauf wartest, dass jemand anderes dich glücklich oder vollständig macht. Gesunde Partner respektieren Unterschiede, anstatt Eifersucht zu empfinden. Wenn du in einer guten Beziehung bist, gibt es offene und ehrliche Kommunikation statt Tricks und Manipulation. Du kannst offen sagen, was du denkst und fühlst. Wenn die Beziehung zu Ende geht, kannst du den anderen loslassen, ohne zusammenzubrechen oder feindselig zu werden.

Das, was du in deinem Leben zulässt, wird sich weiter fortsetzen. Wenn du zulässt, dass Menschen Grenzen überschreiten und Forderungen stellen, zeigst du ihnen, was du wert bist und wie sie dich behandeln können. Das gilt insbesondere für Liebesbeziehungen, in denen es darauf ankommt, kompromissbereit zu sein und sowohl dich selbst als auch deinen Partner zu respektieren.

Gegensätze lassen sich überbrücken, ohne dass du deine eigenen Wünsche unterdrückst oder die deines Partners erdrückst. Wenn du Grenzen setzt, bist du nicht egoistisch, sondern lässt den anderen genau wissen, woran er bei dir ist. Dadurch eliminierst du Unklarheiten und Zweideutigkeiten aus deinen zwischenmenschlichen Beziehungen.

Wenn du alle Informationen aus diesem Buch verinnerlichst und sie in deinem Alltag auch tatsächlich praktizierst, wirst du die beste Version deiner selbst werden. Natürlich wird es immer irgendetwas geben, woran du noch arbeiten musst, während du dich weiterentwickelst, neue Ideen hast und neue Möglichkeiten erkundest. Aber du wirst dich dabei gut fühlen, weil du jetzt frei von Ängsten und Selbstzweifeln bist.

Wenn du deinen Körper akzeptierst und dich in deiner eigenen Haut wohlfühlst, verleiht dir das eine besondere Ausstrahlung, die dich von innen heraus strahlen lässt. Selbstliebe erzeugt die Art von Selbstbewusstsein, die sexy und verführerisch ist. Indem du dich selbst so akzeptierst, wie du bist, hilfst du auch anderen, toleranter und authentischer zu werden.

Hast du schon mal jemanden getroffen, der nicht „im klassischen Sinne" attraktiv ist, und dich gefragt, warum er oder sie immer im Mittelpunkt zu stehen scheint? Das ist wahrscheinlich so, weil diese Menschen ausgesprochen selbstbewusst und positiv sind und liebevoll mit sich selbst und anderen umgehen.

Um andere zu lieben, musst du zuallererst dich selbst lieben. Dann wirst du frei von Negativität und mit deiner positiven Ausstrahlung und deiner Liebe andere wie einen Magneten zu dir hinziehen.

Hab keine Angst, Kontakte zu verlieren. Die Menschen, die sich nicht ändern wollen oder können, brauchst du sowieso nicht in deinem Leben.

Du wirst die Menschen, die dir nahestehen, inspirieren. Deine Familie, deine Freunde, deine Arbeitskollegen und dein Partner werden sich ein Beispiel an dir nehmen und ihr eigenes Verhalten und ihre Einstellung ändern. Wer möchte schließlich nicht mit jemandem zusammen sein, der glücklich ist und dafür sorgt, dass seine Mitmenschen sich besser fühlen?

WERDE EIN MUSTERBEISPIEL FÜR INNERE ZUFRIEDENHEIT

Kurz nachdem ich angefangen hatte, hauptberuflich zu schreiben, geschah etwas Lustiges. Nun, es war nicht wirklich *lustig*, aber es brachte mich vor Überraschung zum Lachen, weil es so unerwartet kam. Ich bekam eine E-Mail von einer jungen Frau, die meinen Blog gelesen hatte. Sie wollte mir mitteilen, wie sehr einer meiner Artikel ihr Leben verändert hatte.

In der Nachricht ging es um einen Artikel über den Heilungsprozess nach einer Trennung. In Form eines fiktiven Briefes an einen Ex-Freund hatte ich diesem von all dem Schmerz erzählt, den er mir zugefügt hatte, und von meinen Bemühungen, über ihn hinwegzukommen. In jeder Zeile beschrieb ich detailliert, wie ich den Schmerz nutzte, um die Scherben meiner Seele wieder zusammenzufügen und mit meinem Leben weiterzumachen.

Die junge Frau, die mir geschrieben hatte, machte gerade eine schwere Trennung durch und konnte sich ein Leben ohne diesen Mann nicht vorstellen. Sie war am Boden zerstört und suchte nach einem Weg, um weiterzumachen und wieder das Gefühl zu haben, dass es sich lohnte zu leben. Aus irgendeinem Grund hatte sie meine Geschichte so sehr inspiriert, dass sie selbst einen fiktiven Brief schrieb, also einen Brief, den sie nie abschicken würde, der es ihr aber ermöglichte, alles loszuwerden, was zwischen den beiden ungesagt geblieben war, und diese Gefühle rauszulassen.

Sie sagte mir, dass sie zum ersten Mal seit Monaten wieder Hoffnung hatte.

Diese Nachricht fesselte mich in zweierlei Hinsicht: Zum einen fühlte ich mich natürlich geschmeichelt, zum anderen überkam mich aber auch ein starkes Verantwortungsgefühl.

Als ich damals anfing, über Beziehungen und den Heilungsprozess nach einer Trennung zu schreiben, hatte ich damit auch mir selbst helfen wollen. Meine Therapeutin hatte gemeint, indem ich von meinen eigenen Erfahrungen erzählen würde, könnte ich vielleicht auch anderen helfen. Genau das hatte ich mir auch gewünscht und erhofft. Und nun wurde ich zum ersten Mal von jemandem angesprochen, der meine Worte gelesen hatte und sich tatsächlich davon inspiriert fühlte.

Seitdem habe ich viele Nachrichten von Frauen bekommen, die mir von ihrer eigenen Situation erzählen. Einige von ihnen wollten einfach nur mit mir in Kontakt kommen und mir ihre Geschichten erzählen, aber viele von ihnen wollten mir mitteilen, wie sehr meine Worte ihnen geholfen hatten, Hoffnung, Inspiration oder Mut zu finden.

Solche Nachrichten und Briefe sind wundervoll und verleihen mir immer wieder die nötige Motivation, weiterzumachen. Außerdem habe ich dadurch etwas gelernt, was ich nie für nötig gehalten hatte: Komplimente und positive Aufmerksamkeit dankbar und mit Demut anzunehmen.

Als jemand, der sein Selbstwertgefühl neu aufbauen musste, hatte ich kein Problem damit, meinen Standpunkt zu verteidigen, wenn jemand auch mal kritisch war oder mir nicht zustimmte, aber ich bin auch stets bereit, anderen zuzuhören. Trotzdem fiel es mir anfangs schwer, negatives Feedback anzunehmen. Es dauerte eine ganze Weile, bis ich nicht mehr ängstlich darauf hoffte, jemanden positiv zu berühren, sondern einfach „drauflosschrieb", mit der festen Absicht, genau das zu tun.

Es fühlt sich großartig an, zu wissen, dass du andere Menschen auf eine bedeutsame Art und Weise ansprichst; dass die Dinge, die du sagst, jemandem eine neue Perspektive eröffnen oder dessen Leben positiv verändern können. Gleichzeitig ist es eine große Verantwortung, die ich sehr ernst nehme.

Wenn ich an diese erste Unterhaltung zurückdenke, wird mir bewusst, wie sehr wir im Grunde genommen alle miteinander verbunden sind und dass wir uns gegenseitig auf eine Art und Weise unterstützen können, der wir uns vielleicht gar nicht bewusst sind.

Wir Frauen tendieren oft dazu, uns selbst und unsere Leistungen mit denen anderer Frauen zu vergleichen. Man kann sich Frauen wie Katzen vorstellen, die sich gegenseitig anfauchen, nur um an ein kleines bisschen Futter zu kommen, sei dieses „Futter" nun allgemeine Aufmerksamkeit, ein Job oder ein Mann. Wir sollten stattdessen lernen, uns gegenseitig zu unterstützen und ein Musterbeispiel für innere Zufriedenheit zu werden, an dem sich andere Frauen orientieren können.

Wenn du auf gute Nachrichten für einen anderen Menschen mit Neid reagierst oder wenn du versuchst, jemand anderen zu sabotieren, wenn auch nur unbewusst, dann hast du selbst Defizite.

Mit einer Aura des Defizits ziehst du noch mehr Defizite in deinem Leben an. Denke daran: Das Universum gibt dir immer mehr von der Energie zurück, die du nach außen projizierst. Wir sabotieren unbewusst unsere Freunde, weil wir Angst haben, dass wenn jemand anderes etwas hat, was wir auch gern hätten, weniger für uns übrig bleibt. Deshalb „konkurrieren" wir ständig miteinander.

Diese Denkweise ist jedoch falsch. Das Universum funktioniert einfach nicht so. Liebe, Mut und Glück sind „grenzenlos", genauso wie negative Emotionen und Denkweisen. Indem du dich auf das Positive konzentrierst, bewahrst du nicht nur dein inneres Gleichgewicht und deine Zufriedenheit, sondern du steigerst sie sogar noch.

Abgesehen davon, dass du das Leben lebst, das du dir schon immer gewünscht hast, werden auch alle anderen in deinem Leben von deiner Zufriedenheit und deinem Glück profitieren. Werde ein Vorbild für andere Frauen, indem du ihnen zeigst, wie man glücklich und zufrieden sein kann. Das Leben ist zu kurz, um gegen sich selbst oder andere zu kämpfen. Warte nicht auf das perfekte Timing. Nutze die Zeit, es jetzt durchzuziehen.

Ich sehe Frauen im Fitnessstudio die Köpfe zusammenstecken und miteinander darüber tuscheln, wie fett oder unattraktiv eine andere Frau ist, und ich denke nur: „Sie ist hier, um eine bessere Version ihrer selbst zu werden. Warum macht ihr sie deshalb runter? Wir sollten sie vielmehr unterstützen und ihr für ihren großartigen Mut applaudieren!"

Solche negativen Verhaltensweisen resultieren aus Unsicherheit und unseren eigenen Ängsten. Aber sind wir weniger unsicher oder weniger ängstlich, indem wir andere runtermachen? Vordergründig vielleicht ja. Aber nur für einen kurzen Augenblick. Indem du dich selbst akzeptierst und dich so liebst, wie du gerade bist, kannst du deine Unsicherheit und deine Ängste abbauen, die dich auslaugen und dein Selbstwertgefühl schwächen.

Ein altes Sprichwort besagt, dass man mehr Muskeln braucht, um die Stirn zu runzeln, als um zu lächeln. Ich habe allerdings nachgeforscht und herausgefunden, dass das nicht den Fakten entspricht. Ein Lächeln hat aber den Vorteil, dass es deine Stimmung aufhellt und dich viel sympathischer wirken lässt.

Überdies werden beim Lächeln die Gesichtsmuskeln gestärkt, was der Hautalterung vorbeugt, indem die Gesichtszüge besser erhalten werden. Egal wie alt du bist, wenn du ständig traurig oder wütend guckst, lässt dich das älter aussehen. Ist dir schon mal aufgefallen, wie schön ältere Frauen sind, wenn sie nur Lachfalten im Gesicht haben?

Die ganze Zeit glücklich zu sein, mag sich für den einen oder anderen etwas unrealistisch anhören. Wer kann schon ständig gut drauf und fröhlich sein? Das meine ich damit aber nicht. Es geht nicht darum, dass du den ganzen Tag grinsend wie ein Honigkuchenpferd durch die Gegend läufst oder so tun sollst, als ob alles in Ordnung wäre, obwohl es unter der Oberfläche brodelt.

Ich spreche von *nachhaltigem* Glück, das sich aus der Erkenntnis ergibt, dass Misserfolge nur vorübergehend sind und dass selbst ernsthafte Probleme mit einer positiven Denkweise überwunden werden können. Wenn du in dir selbst ruhst und gelassen und zufrieden bist, kannst du alles überstehen, was das Leben dir an Herausforderungen bringt, und auch anderen dabei helfen.

Viele von uns sind darauf konditioniert zu glauben, dass sich Glück nur aus einer bestimmten Konstellation von Umständen ergibt. Wenn wir den richtigen Mann kennenlernen, einen bestimmten Besitz erlangen oder eine ideale Karriere hinlegen, dann, ja dann werden wir endlich glücklich sein!

In Wirklichkeit wird dein Glück dadurch nur „hinausgezögert". Glück hängt nämlich nicht von bestimmten Umständen oder einem anderen Menschen ab. Es entsteht in deinem Inneren, egal was um dich herum geschieht.

Wahres Glück ist etwas, was du genau hier und jetzt erfahren kannst. Es ergibt sich aus der Zufriedenheit mit dem, wer du bist und wie dein Leben aktuell aussieht.

Wenn wir zu beschäftigt sind und uns in der Hektik des Alltags verlieren, vergessen wir leicht, nach uns selbst zu schauen. Und wenn wir dann doch mal hinschauen, dann meist nur, um zu beurteilen, wie weit es noch bis zu unserem Ziel ist. Bei Glück und Zufriedenheit geht es darum, *im Hier und Jetzt* zu leben, anstatt sich auf irgendwelche noch nicht realisierten Möglichkeiten zu konzentrieren.

Um wirklich glücklich und zufrieden zu sein, müssen wir die Kunst der Gelassenheit erlernen und in der Gegenwart leben. Dadurch werden wir nicht nur zentrierter und fokussierter, sondern wir ziehen auch automatisch das Gute im Leben in unsere Richtung.

Lass dich einmal auf ein kleines Experiment ein, um zu lernen, im Hier und Jetzt zu leben und einfach nur zu beobachten, ohne zu urteilen. Bleib kurz stehen und betrachte deine Umgebung. Achte auf die Zimmerwände, den Fußboden, die Textur deiner Teppiche und deiner Möbel. Schau dir alles an, egal ob es zerfleddert und abgenutzt oder nagelneu ist, und versuche, es wahrzunehmen, ohne zu urteilen. Finde einen Weg, dich von jeglichen Gefühlen zu lösen. Wenn dir das gelungen ist, achte auf deine Denkweise und auf deine Körpersprache. Wenn du lernst, in der Gegenwart zu leben, ohne zu urteilen, zu agieren oder zu reagieren, eignest du dir die Grundlage für wahre Zufriedenheit an.

Dies ist die Basis für nachhaltiges Glück, aber du musst dich bewusst dafür entscheiden, in Zukunft glücklich zu sein.

Mit den folgenden fünf Schritten kannst du nachhaltiges Glück erreichen.

1. Lerne, in der Gegenwart zu leben. Ich habe gehört, dass Erwartungen das Herzstück aller Enttäuschungen sind. Wenn du in der Gegenwart lebst, schaust du weder mit Sehnsucht nach vorn noch mit Bedauern zurück. Stattdessen beschäftigst du dich mit dem Hier und Jetzt und kannst es besser genießen.

2. Bleib locker, statt sofort auf Angriff zu gehen. Wann immer du traurig oder wütend auf jemanden bist, gönne dir eine Auszeit, anstatt gleich auszurasten oder zusammenzubrechen. So kannst du deine Gefühle (an-)erkennen, ohne dich von ihnen beherrschen zu lassen.

Wenn du dich mit deinem Partner streitest, widerstehe dem Drang, ihm alle seine Macken an den Kopf zu werfen, und denke an all die Gründe, warum du ihn liebst. Solange es kein ernsthaftes Problem gibt, wie zum Beispiel Betrug oder

Missbrauch, ist das, worüber ihr euch streitet, im Rückblick meist gar nicht so wichtig.

Mit so einer Auszeit lassen sich auch angespannte Situationen auf der Arbeit und Konflikte mit Freunden oder Verwandten besser lösen. Atme einfach tief durch, versuche, dein Gegenüber so zu akzeptieren, wie es ist, und konzentriere dich auf das Positive an ihm. Dann kannst du alle Meinungsverschiedenheiten oder Differenzen mit Liebe und Verständnis klären, statt auszurasten oder aggressiv zu werden. Auf diese Weise lassen sich angespannte Situationen entschärfen und es kann gemeinsam nach Lösungen gesucht werden, anstatt sich gegenseitig die Schuld zuzuschieben.

3. Hör auf, die Leere in deinem Leben mit irgendwelchen Dingen zu füllen. Dies ist ein „Bewältigungsmechanismus", auf den ziemlich viele Menschen – bewusst oder unbewusst – zurückgreifen. Manche von ihnen versuchen, ihre innere Leere mit Essen oder Trinken zu kompensieren, andere kaufen sich irgendwelche unnütze Sachen, die sie in Wirklichkeit gar nicht brauchen, nur um vorübergehend etwas Freude zu verspüren.

Bevor du dem Drang nachgibst, deine Traurigkeit „wegzufressen" oder noch mehr materielle Dinge anzuhäufen, überlege dir in Ruhe, was du gerade fühlst und ob du mit dem, was du vorhast, das Problem wirklich lösen wirst. Klar, das Schokoladeneis wird dir in dem Moment, in dem du es isst, gut schmecken, aber wie wirst du dich danach fühlen? Und wird dein Leben besser sein, nachdem du dir ein bestimmtes Produkt gekauft hast, oder wirst du so nur dafür sorgen, dass dein Bankkonto schneller leer gefegt ist?

Lerne, ein echtes Bedürfnis von einem Wunsch zu unterscheiden. Wenn du einer Versuchung nachgibst, um ein

Defizit in einem anderen Bereich deines Lebens zu kompensieren, solltest du dir überlegen, was für ein Defizit das genau ist und was für Möglichkeiten du hast, um dieses dringende Bedürfnis konstruktiv zu stillen.

Anstatt dich darauf zu konzentrieren, was du willst oder was du nicht hast, lerne, dich an kleinen Dingen zu erfreuen. An einem schönen Tag durch den Park zu spazieren oder mit einem Kind zu spielen, kostet nichts, kann aber deine Laune deutlich heben und deine Denkweise zum Positiven hin verändern. Bleib einmal kurz stehen und rieche an einer Blume.

Ich tue das wirklich, und es funktioniert. Wenn der Blauregen blüht, weiß ich, dass der Frühling vor der Tür steht. Allein der Duft dieser Blumen verleiht mir bessere Laune, als Schmuck oder ein Dutzend neuer Schuhe es je tun könnten.

Hier ist ein weiteres Lebensmotto, das bei mir im Büro an der Wand hängt:

„Hast du einen Garten und eine Bibliothek, dann hast du alles, was du brauchst."

– Cicero –

Wenn du kein Naturmensch bist, finde etwas, was dir Spaß macht, sei es Singen, Tanzen, Malen oder irgendetwas, wodurch du dich gut und gesund fühlst.

4. Zeige Anerkennung. Selbst wenn du nur kleine Wohltaten anerkennst oder einfach nur nett zu jemandem bist, kannst du deinen emotionalen Akku aufladen und andere dazu animieren, das Gleiche mit dir zu tun. Lebe im Hier und Jetzt und zeige anderen durch Worte und Taten deine Freundlichkeit.

Das klingt zwar simpel, kann aber meiner Erfahrung nach fast jede Beziehung verbessern. Manchmal wollen andere Menschen einfach nur anerkannt werden. Wenn du das nächste Mal mit einem unfreundlichen Kundenbetreuer sprichst, versuche zu lächeln und sag zum Beispiel so etwas wie: „Es muss schwierig sein, sich den ganzen Tag Beschwerden von Leuten anzuhören. Wie schaffen Sie das überhaupt?". Du wirst sehen, wie schnell sich seine Stimmung und sein Verhalten ändern werden.

5. Zeige Dankbarkeit. Ich weiß, das Thema hatten wir schon, aber ich kann gar nicht genug betonen, wie wichtig es ist, dankbar zu sein. Egal wie schlimm das Leben zu sein scheint, es gibt immer etwas, wofür man dankbar sein kann. Allein schon dass du heute Morgen aufgewacht bist und ein Dach über dem Kopf hast, ist ein Grund zur Dankbarkeit. Unzählige Menschen haben das nicht.

Versuche jeden Tag etwas in deinem Leben zu finden, wofür du dankbar bist. Das kann dein Haustier sein, dein toller Ehemann oder die Tatsache, dass du dir einen Tag von der Arbeit freigenommen hast. Konzentriere dich auf die Dinge, die dir Freude bereiten, wenn dich das Leben mal wieder so richtig fertigmacht. Im Handumdrehen wirst du dich besser fühlen.

Denke daran, dass jegliches Glück, das du durch Erfolg oder materielle Dinge erlangst, für gewöhnlich nur vorübergehend ist, insbesondere wenn du Materielles benutzt, um ein Defizit in einem anderen Bereich deines Lebens zu kompensieren. Wirst du am Ende des Tages wünschen, mehr Materielles oder mehr Zeit mit den Menschen gehabt zu haben, die du liebst, einschließlich dir selbst?

Hier gilt es zu betonen, dass Dankbarkeit und Zufriedenheit nicht bedeuten, dass du keinen Ehrgeiz haben oder dich von anderen ausnutzen lassen sollst. Es bedeutet, dass du dankbar und zufrieden damit bist, wer du bist und wie dein Leben im Moment aussieht. Ich bin vollkommen zufrieden damit, wer ich bin, wo ich bin und wie mein Leben ist. Trotzdem habe ich immer Ziele, die ich erreichen möchte, und neue Dinge, die ich erleben möchte. Wenn man zufrieden ist, dann ist jeder Erfolg noch süßer und jede Enttäuschung oder Niederlage ist nur noch halb so schlimm.

Wenn du dankbar bist, befreist du deinen Geist von dem Gefühl, nicht gut genug oder unzulänglich zu sein. Damit schaffst du dir innere Freiräume und bist offen für die richtigen Menschen und neue Möglichkeiten in deinem Leben. Du wirst besser erkennen können, was wichtig oder nützlich für dich ist, und deine Energie effektiver nutzen können. Das, was du heute in dich selbst investierst, wird sich in der Zukunft auszahlen.

Jetzt, wo du weißt, wie man zu einer zufriedenen und ausgeglichenen Frau wird, kannst du auch ein Musterbeispiel für andere sein – eines, an dem sich viele Menschen orientieren können. Somit profitierst nicht nur du selbst von deinem neuen „Selbst-Bewusst-Sein".

Der erste Schritt, um ein Musterbeispiel für innere Zufriedenheit zu werden, ist, selbst zufrieden zu sein. Überlege einmal, wie Kinder sich etwas aneignen. Eltern können ihrem Kind zwar noch so oft sagen, dass es höflich sein soll, dass es seine Spielsachen mit anderen teilen soll, dass es immer freundlich sein soll etc., damit es die Umgangsformen mit anderen Menschen lernt. Aber wenn die Eltern dann miteinander streiten oder andere wegen ihres Aussehens, ihres Verhaltens oder ihres Kleidungsstils kritisieren, wird das Kind ebenso streitsüchtig werden und andere kritisieren. Zudem „lernt" es, sich selbst kritisch zu betrachten, weil es Angst hat, seine Eltern zu enttäuschen, wenn es deren Erwartungen nicht gerecht wird.

Mit anderen Worten: Kinder lernen mehr von unserem Beispiel als von unseren Worten. Sie orientieren sich unwillkürlich mehr an dem, wie wir uns geben, als an dem, was wir sagen.

Ich habe einmal gelesen, dass sich Konflikte am besten lösen lassen, wenn man einfach ganz ruhig bleibt. Das ist zwar in einer hitzigen Debatte nicht ganz leicht, aber man kann dadurch tatsächlich eine brisante Situation entschärfen. Wenn dich also jemand anschreit oder dir verbal irgendwelche Dinge an den Kopf wirft, versuche dennoch ruhig zu bleiben und dem Drang zu widerstehen, zurückzufeuern oder in die Defensive zu gehen.

Sag deinem Gegenüber in einem ruhigen Tonfall, dass es dir leidtut, dass er oder sie sich so fühlt. Dadurch erkennst du seine/ihre Gefühle an, ohne dich selbst dafür verantwortlich zu machen. In neun von zehn Fällen wird sich die Person beruhigen und beide Seiten werden die Möglichkeit haben, gemeinsam eine Lösung zu finden. Damit lässt sich zwar nicht jeder Konflikt lösen, aber meiner Erfahrung nach kann man auf diese Weise die meisten heftigen Auseinandersetzungen mildern. Es wird aber auch immer Menschen geben, die streiten oder Fehler finden *wollen*. Mit der hier vorgestellten Methode kannst du solche Menschen identifizieren und sie meiden oder deinen Kontakt mit ihnen auf ein Minimum reduzieren.

Deine innere Zufriedenheit wird sich auch auf andere Bereiche deines Lebens auswirken und zeigt anderen, wie sie ebenfalls zu einer solchen Zufriedenheit gelangen können. Vielleicht hast du einen Job, der dir keine

Perspektiven bietet, oder du siehst dich jeden Tag mit unausstehlichen Arbeitskollegen konfrontiert. Wenn du jedoch mit anderen Aspekten deines Lebens zufrieden bist, wird sich deine Gesamtzufriedenheit erhöhen und du wirst eine viel positivere Ausstrahlung haben. Dadurch wird auch das Arbeitsklima angenehmer werden.

Viele Menschen sind mit ihren Beziehungen sehr unzufrieden. Viele von uns haben hohe Ansprüche an ihren Partner und sind frustriert, wenn er oder sie sich dann nicht so verhält oder nicht so reagiert, wie wir es uns wünschen. Viele von uns lernen einzig von ihren Eltern, wie man eine Beziehung führt. Wenn sie eine gute Beziehung zueinander hatten, versuchen wir, es mit unserem Partner genau so zu machen. Aber hast du schon einmal darüber nachgedacht, dass eure Erfahrungen, eure Lebensumstände, eure Konstellation etc. höchstwahrscheinlich völlig unterschiedlich sind?

In Beziehungen geht es um gegenseitigen Respekt, um Kommunikation sowie darum, zu lernen, dein Leben mit einem anderen Menschen zu teilen. Anstatt jemandes Vorstellung von Glück zu kopieren oder dich darum zu bemühen, dessen Fehler nicht zu wiederholen, solltest du lernen, mit dem zufrieden zu sein, was du hast, und gemeinsam mit deinem Partner eine persönliche Vision entwerfen, was ein glückliches Zusammenleben für euch beide als Paar bedeutet.

Anstatt zu versuchen, aus jemandem deinen Vater oder deinen idealen Partner zu machen (den es übrigens nicht gibt), lerne, deinen Partner zu lieben und so zu akzeptieren, wie er ist, genauso wie du es dir von ihm wünschen würdest. Vor allem aber solltest du lernen, zu vergeben und

Vergangenes wirklich zu begraben. Groll, Wut oder permanente Vorwürfe sind Gift für eine Beziehung. Nur weil jemand das Geschirr anders abwäscht oder die Wäsche anders aufhängt als du, heißt das noch lange nicht, dass er oder sie es „falsch" macht. Es ist einfach nur „anders". Aber ist es denn tatsächlich wichtig, wie etwas getan wurde, solange die Arbeit erledigt ist? Nur weil er sich nicht genauso wie du um die Kinder kümmert oder sie für die Schule fertig macht, heißt das weder, dass er es falsch macht, noch, dass du es richtig machst. Die wichtigste Frage, die man sich stellen muss, ist: Werden die Kinder gut versorgt, ist ihre Sicherheit gewährleistet und sind sie glücklich?

Keiner von uns ist mit seinem Partner völlig identisch, und das ist auch in Ordnung so. Indem du deinem Partner den gleichen Respekt entgegenbringst, die du dir von ihm wünschen würdest, kannst du euch beiden viele sinnlose Auseinandersetzungen und Missverständnisse ersparen. Nimm dir etwas Zeit, um zu beobachten, wie er bestimmte Dinge tut. Vielleicht kannst du dabei sogar etwas lernen. Wenn nicht, lass deine unrealistischen Erwartungen los und freue dich darüber, dass er dasselbe dir gegenüber tut.

Der wahre Schlüssel zu Glück und Harmonie in jedweder Beziehung ist, dem anderen durch unser eigenes Verhalten zu zeigen, wie wir behandelt werden möchten. Wichtig ist dabei eine offene und ehrliche Kommunikation. Wenn du etwas willst, dann sage es. Wenn jemand etwas sagt oder tut, was dich verletzt und beleidigt, sage ihm das und erkläre ihm, warum das so ist. Tu es aber mit Liebe und Geduld.

Menschen ändern sich nicht, wenn du es ihnen befiehlst oder wenn du ausrastest. Damit bewirkst du normalerweise das Gegenteil. Anstatt zu kapitulieren und sich deinem Willen zu beugen, werden sie noch störrischer, defensiver und streitlustiger. Zieh dich aber auch nicht in dein Schneckenhaus zurück, wenn jemand dich in irgendeiner Weise „enttäuscht". Disharmonie entsteht oft durch Missverständnisse.

Eine weitere Ursache für Unzufriedenheit im Leben sind finanzielle Engpässe. Genau genommen sind Geldprobleme eine der Hauptursachen für Stress in der Ehe und Scheidungen. Wenn man unzufrieden ist und über seine Verhältnisse lebt, kommt es häufig zu finanziellen Problemen. Der Grund? Es ist einfacher, sich in materielle Dinge zu flüchten, als mit dem eigenen Leben zufrieden zu sein, so wie es gerade ist. Bist du schon mal Menschen begegnet, die von materiellen Reichtümern umgeben sind, aber immer unglücklich wirken?

Indem du dich in Bescheidenheit übst und zwischen Wunsch und Bedürfnis unterscheidest, setzt du ein Beispiel dafür, wie man ein erfolgreiches und glückliches Leben führt. Du wirst immer genug von den Dingen haben, die in deinem Leben wirklich wichtig sind, und du wirst nicht mehr so gestresst sein, weil du zu viel Geld ausgegeben hast, um irgendein Defizit zu kompensieren.

Glück ist eine Entscheidung, die zu Zufriedenheit und Ausgeglichenheit führt. Du kannst dankbar sein für das, was du hast. Du kannst genießen, im Hier und Jetzt zu leben, ohne dabei dein Ziel aus den Augen zu verlieren – sei es die Beziehung deiner Träume, deine Wunschkarriere oder ein Leben voller Abenteuer. Die Umstände in deinem Leben sind nicht der Grund, warum du unglücklich bist. Es sind die Entscheidungen, die du triffst, und die Denkweise, die du dir selbst gestattest.

Wenn du ständig darüber nachdenkst, was du nicht hast oder was du noch nicht erreicht hast, konzentrierst du dich mehr auf das Schlechte in deinem Leben als auf das Gute und versinkst in Negativität. Das bremst dich aus und lässt dich nicht vorankommen im Leben. Wenn du dich jedoch auf das Positive konzentrierst und dankbar bist für das, was du hast, nimmst du eine positive Denkweise an und wirst dadurch produktiver. Du gehst beschwingt durchs Leben, mit der Gewissheit, dass alles gut wird, egal was passiert.

Zum Schluss möchte ich noch kurz all den Menschen, die mich jeden Tag inspirieren, meine Anerkennung und meinen Dank aussprechen. Ich danke von ganzem Herzen meiner Familie und meinen Freunde, die mein Leben bereichern und mich in vielerlei Weise inspirieren; meinem wunderbaren Ehemann, der in jeder Hinsicht ein echter Partner ist; sowie allen Frauen, die mir bei meiner Arbeit helfen oder von ihr profitieren. Ohne euch wäre ich nicht die Frau geworden, die ich heute bin.

Wer inspiriert dich und macht dein Leben glücklicher und lebenswerter? Drücke diesen Menschen deine Dankbarkeit und deine Wertschätzung aus und gib diese Glücksgefühle weiter, um den Kreislauf von Liebe, Licht und positivem Denken ununterbrochen aufrechtzuerhalten.

ÜBER DEN AUTOR

Sofia wurde am 21. Juni 1983 in Freiburg geboren. Da sie sich schon immer besonders für Literatur interessiert hat, entschloss sie sich für das Studium der deutschen Sprache und Literatur an der Humboldt-Universität zu Berlin.

Nach Abschluss ihres Studiums beschloss Sofia, an ihrer Karriere als Schriftstellerin zu arbeiten. 2006 hat sie den Entschluss gefasst, Kolumnen für verschiedene Magazine zu schreiben, was sie später dazu bewegte, einen eigenen Blog zu erstellen.

Sofias schmerzhafte Erfahrungen in Liebesbeziehungen haben sie oft im Leben zu Boden geschlagen. Aber anstatt sich von den Problemen mitreißen zu lassen, stand sie tapfer auf und beschloss, ihre schlechten Erfahrungen in Lektionen fürs Leben zu verwandeln, nicht nur für sich selbst, sondern für alle anderen Frauen, die dasselbe erlebt haben oder erleben.

Mit diesem Ziel entschloss sie sich, ihre Leidenschaft für das Schreiben in diese Richtung neu auszurichten und Frauen mit ihrem Liebes- und Beziehungsblog *Ihr Weg* zu helfen, der sich sowohl auf dem US-amerikanischen und französischen Markt als auch auf dem skandinavischen Markt erfolgreich etabliert hat.

Heute ist sie eine erfolgreiche Geschäftsfrau, Sachbuchautorin, professionelle Beziehungsexpertin, Motivatorin und Kämpferin für Frauen. Durch ihr Schreiben unterstützt sie

Frauen, stärkt ihr Selbstwertgefühl und verleiht ihnen neue Kraft, um für ein besseres Leben zu kämpfen.

Neben dem Magazin ist sie erfolgreiche Betreiberin der Facebook-Seiten „Ihr Weg" und „Sofia Müller" sowie des Instagram-Profils „@dasistihrweg".

In Berlin, wo sie wegen ihres Studiums umzog, fand sie die Liebe ihres Lebens und gründete eine Familie. Zusammen mit ihrem Mann und ihrem Hund genießt Sofia das Leben in ihrem Zuhause mit einem großen Garten, den sie oft ihr Lieblingsbüro nennt.

Sie ist leidenschaftliche Büchersammlerin und eine wahre Künstlerseele. Wenn sie nicht schreibt, malt, fotografiert oder liest sie wahrscheinlich eines der Bücher aus ihrer riesigen Kollektion. Als ewige Abenteurerin genießt sie ihre Reisen fast so sehr wie das Schreiben.

Printed in Germany
by Amazon Distribution
GmbH, Leipzig

22599819R00100